ZOÉ VALDÉS

# Cuba, y ahora la libertad

*Propuestas para un cambio radical en
una Cuba que ya no puede esperar*

SEKOTIA

**SEKOTIA**
www.sekotia.com
@sekotia

© Zoé Milágros Valdés Martínez, 2026
© Editorial Almuzara, S. L., 2026

Primera edición: mayo de 2026

Sekotia • Colección Reflejos de Actualidad
Editor: Humberto Pérez Tomé Román

info@almuzaralibros.com
Parque Logístico de Córdoba. Ctra. Palma del Río, km 4
C/8, Nave L2, nº 3. 14005 - Córdoba

Imprime: Gráficas La Paz
ISBN: 979-13-87812-77-5
Depósito legal: CO-609-2026
Hecho e impreso en España - *Made and printed in Spain*

A Leví Marrero

A esa Cuba futura

*Óyeme tú. Despiértate ya. El miedo se fue. El odio murió.*
*Óyeme tú. Busca la verdad. Abre el corazón. Siente Libertad (...)*
*Todos, todos cubanos. Todos hermanos. Y ahora la Libertad.*

Todos cubanos. Canción, letra Oswaldo Payá.
Música Carlos Payá.

*No paro, y no me gustaría que fuese de otro modo. Intento aprender*
*del pasado, pero preveo el futuro basándome exclusivamente en el*
*presente.*

Donald Trump. *El arte de la negociación*

*Los nuevos «radicales» son los luchadores por el capitalismo...*

Ayn Rand. *Para el nuevo intelectual*

*El Estado es un ente ladrón que te roba vía los impuestos. Para*
*darle algo a alguien le tiene que sacar a otro primero.*

Javier Milei

# ÍNDICE

# PARA LA LIBERTAD

La libertad no se otorga, ningún regalo posee el valor de lo conquistado, y de valores en todos los sentidos y desde todos los ángulos hablaré en este libro. La conquista de la libertad va apareada a la del nacimiento del individuo. Nacer es ya una conquista, es anterior a toda ley posicionada por positiva y a todo gobierno contractual, es un derecho.

Ser libre es un derecho natural: nace con el individuo, le pertenece por su sola existencia vital, y no depende de constituciones ni decretos, por muy estipulados y deseados que se pretendan.

El Estado —visto en mayúscula— es el monopolio de la violencia impuesta desde ideologías trasmitidas, heredadas mediante falsas facultades, y en la mayoría de las ocasiones malinterpretadas. Su abrasadora presencia es impuesta por la fuerza, cuando menos de la intimidación; mediante la concentración de poder, confisca riqueza por el simple gusto del acaparamiento y anula la libre cooperación e intercambios no coaccionados entre individuos. El Estado se presenta como el único garante del orden, pero su esencia es la coerción, y de cierto modo la sumisión a unos principios ajenos a quienes pretenden sean sumisos. Imagine entonces el Estado totalitario.

Durante siglos, se nos ha hecho creer que sin Estado no hay justicia ni seguridad, lo hemos aceptado. No obstante, el verdadero orden social surge del derecho natural, del derecho heredado mediante la vida y la cultura, y de la capacidad de los individuos de organizar su convivencia mediante la libre y voluntaria contratación, producción y canje en reciprocidad de bienes y servicios. Todo sistema que sustituye esos preacuerdos y seguidos acuerdos por imposiciones obligatorias persigue degradar a la sociedad, rebajarla en corrupción, destrozarla mediante la pobreza e injusticia. La justicia es un bien humano y no un precontrato social o asociativo.

El Estado rompe mediante ideologías partidistas de orden social la naturaleza del mismo orden económico hacia el desarrollo individual. No se trata solamente de romper el orden estatal, se trata de hacer desaparecer ese orden y al Estado mismo. Con la propuesta de reorganizar una idea central y esencial desde y por la economía, a través de la vía individual y no social, y no desde el colectivismo paralizante y desmoralizador. No se trata de promover una nueva revolución de justicia social, al contrario, se intenta que contemplen que un cambio radical exclusivamente desde la economía es factible y sería sumamente exitoso para el individuo en sociedad.

El sistema comunista interpretó ese error a su manera y lo llevó a los extremos: consiguió eliminar y readaptar el Estado y usó la abolición de la propiedad privada, con ello destruyó la base esencial de toda producción libre, soberana, y el intercambio voluntario y la justicia auténtica sin la etiqueta de igualdad. El resultado fue la expansión total del poder estatal; la ruina económica y la sumisión perversa generalizada fueron las garras que asfixiaron a la sociedad.

¿Por qué hago hincapié en «a la manera cubana» a la hora de mencionar cambios radicales en Cuba? Porque tal como señalaba el escritor Reinaldo Arenas en 1980: «Los cubanos venimos del futuro». Y desde el futuro se ve todo de otra manera, y los cubanos pudiéramos avizorar e inclusive también gestionar una solución definitiva que no nos imponga nunca más el comunismo ni ningún tipo de izquierdismo, lleve el nombre que lleve.

Frente a fracaso tras fracaso, otra idea (idea versus ideología) surge del supremo capitalismo que afirma lo opuesto: la eliminación del monopolio estatal sobre la producción de bienes y servicios solo es posible a través del respeto absoluto a la propiedad privada, mediante la libre, exenta y voluntaria producción, contratación e intercambio entre individuos soberanos: un neocapitalismo.

Entonces, paradójicamente, en Cuba —en donde el Estado ha perdido toda legitimidad funcional y moral— existen en la actualidad las condiciones más propicias para edificar ese nuevo orden de deconstrucción y reconstrucción. Allí donde el poder estatal se ha derrumbado, la libertad y el individuo que la asume no necesitan derribar nada donde no existe más que derrumbe generalizado: la sociedad cubana solo debe aspirar a construirse a sí misma. Una especie de neocapitalismo liberal, si se permite el término que conlleva una locura muy cuerda, a la manera martiana, por José Martí: «Lo imposible es posible, los locos somos cuerdos».

Este manifiesto o ensayo no es una petición o un reclamo más, constituye una pautada reflexión en el tiempo conversada inclusive con amigos y colegas, es una afirmación surgida del análisis diario, desde la observación durante mis casi cuarenta años de exilio, cercana unas veces y lejana otras, desde el escrutinio de la decadencia *per se* del sistema comunista implantado por un grupo de advenedizos, quienes son todavía casi siete décadas más tarde los representantes y adláteres del castrismo, los que ejercen el poder absoluto con mano extrema y puño duro. Reitero, el nacimiento es un acto de libertad, el más hermoso del ser humano. La libertad no necesita autorización. Se ejerce. Y se ejerce desde el nacimiento del individuo, también desde las entrañas de la nación.

El 3 de mayo del 2018, en Miami, en el programa televisivo creado y conducido por el escritor Jaime Bayly, un día después de mi cumpleaños, y a pocos meses de que se desatara la pandemia mundial provocada por el Partido Comunista Chino con la intención —lograda ampliamente— de paralizar al mundo desde el punto de vista de la existencia misma y de su economía, di la solución para acabar con el castrocomunismo: drones, drones, drones. Curiosamente es el punto al que hemos llegado, probablemente con esa Cuba colapsada actual, con Donald Trump en el poder de la mayor potencia mundial, Estados Unidos, con un secretario de Estado norteamericano de origen cubano, Marco Rubio, y la isla rodeada de barcos, aviones, drones, listos para repetir una acción liberadora como la que llevaron a cabo en Venezuela al extraer del poder al narcotraficante Nicolás Maduro y a su mujer, narcotraficante también, Cilia Flores. Y en el momento en el que preparo el proceso final de este libro, la invasión militar de Irán, lo que se debió de haber hecho, como con Cuba, hace décadas.

Cuba, entonces, espera por un racimo de drones directos a las cabezas de sus tiranos, o de mentes sabias, perdurables; y también por un ramo de acciones que logren liberar ampliamente su economía.

Empecemos por la libertad, y sigamos con la economía, en aras de un futuro de paz; aunque lo más urgente para que la paz se concrete sería primero alcanzar esa libertad tan anhelada y merecida. Todo parece indicar que sin drones no acariciaremos ese momento prometido.

# LA CUBA FUTURA: UNA PRESUNCIÓN O UNA INTERROGANTE

Hace ya varios años la autorización de ventas de ollas a presión y de telefonía móvil, así como la de ciclomotores, la permisión a los cubanos para alquilar en los hoteles bajo tarifas máximas, y otras tantas promesas de esa índole —que hubieran provocado burlas y risas en cualquier otro país del mundo libre— asombraron a defensores de los derechos humanos e incluso a ciudadanos no cubanos de a pie. Lo vieron como los síntomas de que por fin llegaban los tan esperados cambios a Cuba. ¿Se hubieran podido considerar esos cambios irrisorios como la antesala para un futuro mejor en la isla? Absolutamente no. Pero el mundo confundió un cierto confort con la libertad.

Que Raúl Castro, de quien conocemos bien su *curriculum vitae*, o más bien «*mortae*», haya sustituido a su hermano Fidel Castro, en lo que constituyó una sucesión dinástico comunista, al estilo coreano, fue otra imposición que no vino solamente desde el Comité Central, sino de una cierta presión de estabilidad mundial; además, los cubanos amantes de la libertad y del desarrollo debíamos verlo como cambios sustanciales de una férrea dictadura o tiranía hacia una presunta democracia. Se nos exigió que aceptáramos. Hubo quienes aceptaron. Yo desde luego que no.

En reiteradas ocasiones he leído artículos jubilosos que mencionan cambios, ¿qué cambios pudo o pudiera hacer Raúl Castro y cualquiera de sus vástagos y nietos? ¿Qué cambios aparte de nombrar a una pieza movible a su antojo como lo fue Miguel Díaz-Canel más tarde? Además, ¿se habrían aplaudido de semejante modo los supuestos cambios de un Jorge Rafael Videla en Argentina o un Gustavo Leigh Guzmán, segundo militar en la Junta Militar pinochetista? Entonces, ¿por qué los cubanos debíamos hacernos ilusiones con Raúl Castro, uno de los militares más represivos y criminales de la historia de Cuba, de Sudamérica y del mundo? ¿Por qué el segundo hombre bajo la tiranía castrista, designado por su hermano, el propio tirano, con el objetivo de darle continuidad ideológica, política y militar a aquel engendro, tendría que inspirarnos confianza? De ninguna manera.

Por supuesto, otra interrogante se impuso y se impone: ¿por qué el pueblo cubano no se tira a las calles con la intención de protestar en contra del tirano II? Es lo que muchos se preguntan. Respondo: probablemente sea por miedo, o por oportunismo, debido a las medidas represivas que durante más de sesenta y siete años han deformado la personalidad y la psicología del cubano, ninguneándola. Sin embargo, lo hicieron el 11 y 12 de julio del 2021, entonces tampoco el mundo nos apoyó, y Estados Unidos gobernado por el anciano y decrépito Joe Biden nos dio la espalda.

Cuando fue derribado el comunismo en los «hermanos» o hermanastros países comunistas del Este de Europa, y el CAME se convirtió en un Capitalismo Ansiado Muy Extremo para la URSS, y nos dejaron de enviar por un tubo y siete llaves todo lo vencido y despreciado por los «bolos» (soviéticos), el régimen recurrió a quienes ya habían ido adobando y entrenando desde hacía décadas, a Hugo Chávez y su tan ambicionada Venezuela. Inacio Lula da Silva, presidente de Brasil, con el Foro de Sao Paulo (creación conjunta de Castro I y Lula en

1990), y Chávez facilitaron el trecho a los Castro hacia otra vía de sustentación, pero sobre todo de enriquecimiento personal; lo que dio ímpetus a la nomenclatura comunista en la isla para recurvar a las viejas fórmulas y renovadas tendencias admirativas por el fachocomunismo que habían sentido en una época, sobre todo un joven Castro I en su lectura de *Mi lucha* de Adolf Hitler. Las técnicas fascistas inspiradas por el comunismo afloraron en la primavera del 2003, encarcelamientos y fusilamientos de tres jóvenes negros juzgados y asesinados en menos de cuarenta y ocho horas dieron nombre a la Primavera Negra de Cuba.

Durante la Primavera de Cuba fueron encarcelados 75 opositores pacíficos, entre los que se encontraban periodistas, poetas, bibliotecarios independientes, artistas, campesinos, opositores; se les celebraron juicios sumarísimos y fueron condenados a penas de entre 6 y 28 años de cárcel. Las acusaciones eran delirantes: recibir instrucciones del enemigo y ser «agentes de una potencia extranjera». Cincuenta y nueve de ellos tardaron años en ser semiliberados bajo «licencia extrapenal» (modalidad castrocomunista) y desterrados en una vergonzosa negociación con el Gobierno español de José Luis Rodríguez Zapatero. En esa época la totalidad de presos políticos era de 242. Los Castro pretendían, como habían hecho en el pasado, canjear presos por medidas y prebendas a su favor por parte de los gobiernos democráticos europeos, con quienes siempre han negociado créditos altamente desfavorables para los patronatos y economía de esos países. En la actualidad la cifra de presos de consciencia se eleva a 1 207 encarcelados bajo altísimas condenas, 39 de ellos entraron siendo menores de edad debido a su participación en el 11J.

Fidel Castro al morir de muerte natural muy cómodo en su cama no dejó más que un legado plagado de errores concretos en política nacional, en lo social, en la economía interna, aunque ha sido el mayor especialista de *marketing* revolucionario de la historia de la humanidad. Creó un producto desbordante de falsas ilusiones (valga la redundancia): la revolución castrista, la guerra de guerrillas, la rebeldía guevarista; en dos palabras, el terrorismo que vendió descaradamente al mundo, y que el mundo le compró ilusionado y hasta satisfecho como si hubieran hecho el negocio del siglo. Además de una lista de muertes, desaparecidos, crímenes, fusilamientos y exiliados, que pocos países tan pequeños, ni siquiera grandes, pudieran pretender.

El legado de Castro I, siendo tan descabellado, se instauró con éxito durante décadas en Sudamérica y ya se ha logrado instaurar también con éxito en España; las primeras pruebas fueron aquellas agresiones físicas, pretendidas lapidaciones, contra miembros del partido VOX en Vallecas, Madrid; eso sin mirar hacia Cataluña... El viejo sueño del tirano de conquistar países sudamericanos y continentes mediante el uso de la ideología castrocomunista triunfó y sigue haciéndolo, no podemos asegurar su perdurabilidad, pero ahí están agarrados, y cuando agarran no sueltan. Seguramente habrán observado en el pasado a Evo Morales en Bolivia, Nicolás Maduro —ahora en proceso de enjuiciamiento en Estados Unidos junto a Cilia Flores, su esposa, por narcotráfico— en Venezuela, Daniel Ortega en Nicaragua, Rafael Correa en Ecuador, Cristina Kirchner en Argentina, AMLO y Claudia Sheinbaum en México, Lula da Silva en Brasil, Bachelet en Chile, Pedro Sánchez en España, todos llegados al poder mediante una democracia populista y fraudulenta, devota del castrismo. En Francia con Emmanuel Macron se implanta el *populisme chic*. Menos mal que el espectro empezó a cambiar con Nayib Bukele en El Salvador, Javier Milei y La Libertad Avanza en Argentina, Santiago Peña en Paraguay, José Antonio Kast en Chile, etcétera.

Aparte del espantoso e inseguro legado que acabo de citar — ya sobrepasado, por suerte, en algunos sitios—, ¿qué otra virtud valedera dejó Fidel Castro? Ninguna. Cero. Particularmente yo no salvo absolutamente nada de la llamada revolución «cubana» que no fue más que un retorcido invento castrista. La primera razón para no hacerlo es que la idea de esa revolución cubana se implantó encima de una mentira colosal, de una desviación absoluta de la verdad y de la historia real de Cuba.

No éramos el país más pobre, no éramos el país más corrupto, no éramos el país menos democrático, no vivíamos en el más horrendo sistema social de Sudamérica ni del mundo. Para probarlo escribí un libro editado por Planeta en el 2008, *La Ficción Fidel*. Antes de que yo lo hiciera ya otros habían manifestado estos puntos de vista de distintas maneras, por ejemplo, el economista e historiador cubano Leví Marrero, incluso lo subrayaron, dieron su vida por ello. ¿Se les oyó?, ¿se les hizo caso? No. Al igual que a mí se les acusó de traidores, de insensatos, de fascistas. Varios compatriotas murieron en el exilio intentando aclarar el verdadero pasado de Cuba antes de Castro. Resulta imperdonable que sus voces no hayan sido escuchadas ni reconocidas.

Pero volvamos a la actualidad cubana. Cierto es que ya nadie cree en nadie, y no solo en la cúpula dirigente, ni siquiera en ese colectivismo masivo de a porfía, la oposición ha perdido credibilidad y la desconfianza reina. El país completamente arruinado, las familias más desunidas que nunca, el exilio constituye ya más del veinte por ciento de la población y es un exilio bastante desasido del original, las desigualdades, el racismo (ahora antiblanco dentro de los grupos marginales), el machismo y el hembrismo intelectualizados y lanzados como bumerán y movimiento, el igualitarismo, la desconfianza han paralizado la fuerza natural emprendedora del cubano, han mermado su espontaneidad, le han borrado la visión de que la vida es ahora o nunca.

Pudiera ser demasiado tarde para detener o retirar la cuenta de tantos errores. La cuenta la pagamos ya muchos, e incluso también la están cobrando algunos en el círculo mismo del poder. Ellos lo saben, muy dentro de sí mismos lo reconocen, que la única posibilidad es un cambio limpio y radical, un chapeo transparente, profunda reiniciación económica, que respete primero los derechos humanos del ciudadano. Sin libertad no habrá país.

Los que ostentan el poder conocen que sin un proceso radical sin reservas y abriéndose verdaderamente al mundo como pidió Juan Pablo II con Estados Unidos y con Europa no existirá claridad para una Cuba futura, y ese reencuentro debe ir precedido de la retirada completa de la familia Castro, en peso, y de sus secuaces. Un Núremberg del comunismo debiera estrenarse definitivamente en Cuba.

Esto si hablamos de una forma pacífica, porque como algunos saben yo también apoyaría una intervención militar quirúrgica que acabe con el mal de raíz.

Estas dos opciones constituirían para los exiliados y opositores una auténtica propuesta. Para Raúl Castro y su marioneta resultaría sin embargo un embarazoso interrogante, aun sabiendo que serían las primeras soluciones de adopción. ¿Se atreverían a asumirlas? Lo dudo. Dudo de un acuerdo, cualquiera que sea y se firme, y dudaba de un Gobierno extranjero valiente que quiera desembarazarnos de cuajo de estas piltrafas. Estados Unidos no era lo que fue, menos con Joe Biden y Kamala Harris, o sea, con Barack Hussein Obama. Pero llegó Donald Trump, y mandó a parar.

## LA CUBA FUTURA: ¿OTRO CONGRESO, OTRA JUBILACIÓN? ¿OTRO PARIPÉ?

Para que ese reencuentro abierto con el mundo mencionado antes pueda cumplirse de forma cabal, con veracidad y con un sentido justo deben apartarse de una vez las tretas de las posibles medidas venideras pendientes de dilucidar en congresos y de las jubilaciones de sus carcamales dirigentes; de hecho, el Partido Comunista tendría que desaparecer de una vez por todas.

Una vez que esto sea un hecho factible, y *de facto*, a la par de esas soluciones reales debieran ir la liberación de los presos políticos, la aceptación y el respeto de los derechos humanos, la libertad de expresión y de manifestación, regreso a la ley y el orden, mediante la Constitución de 1940 que Castro no revocó —solo impuso otras—, y que debiera existir al menos durante cinco años antes de que se proceda a su modificación o reescritura de una nueva Constitución. Habría que ir más lejos, luego de consumados estos anhelos necesarios por constituir derechos, Raúl Castro no solo debiera jubilarse como se supone que prometió en cada Congreso del Partido Comunista de Cuba, además debiera despojar de cargos políticos al resto de su familia, y dar paso a la instauración del pluripartidismo, enseguida entregarse a las autoridades para ser juzgado en Estados Unidos, como conlleva el hecho de haber asesinado a los cuatro jóvenes de Hermanos al Rescate cuando ordenó tumbar las avionetas en las que volaban, tratando de salvar la vida de balseros, encima de aguas internacionales; solo así tendría sentido que la Iglesia los perdone y se hable entonces de desmantelamiento de un sistema de apoyo a la reconstrucción de todo un país con el que hay que contar. Porque la Iglesia olvida —menos Juan Pablo II todos los papas lo han obviado— que no se trata de responsar a los que no estemos de acuerdo con el perdón y el borrón y cuenta nueva; sino que se trata de comprendernos, de entender nuestro dolor y sacrificio: de ejercer la debida punición mediante la justicia, con la debida justicia que merecen a los que les han destrozado sus vidas y sus sueños.

Aceptar la democracia estaría muy bien, pero no sin que antes se ejerza el peso de la ley. El ejemplo de antiguos países del Este, excomunistas, les asegura que nada tendrían que temer. Pero el Núremberg del comunismo todavía está pendiente.

Sinceramente, no creo que Castro II esté preparado para ese tipo de proyecto individual, pues su propio modelo de desgobierno negó y niega este orden de posibilidades. La Iglesia debiera reconocer que no debería existir tregua con estos criminales, por mucho que ahora estos marxistas sanguinarios se acerquen a la religión tirando del perdón eclesiástico, que no es el mismo que el de Dios. En el perdón de Dios está la fe, que a ellos les ha faltado y de la que se han burlado siempre.

Otros interrogantes, que pudieran derivarse de los anteriores, con la vía castrista de por medio, sería la presunta propuesta (la vía disidente y del exilio): supongamos que Raúl Castro desaparezca por fin en un plazo relativamente corto de tiempo, por cualquier razón. ¿Estarían la oposición interna y el exilio capacitados para irrumpir en el plano internacional, en la alta política, sin la ideología única que conocen y les apisona el pensamiento? ¿Sin esa ideología de discursos demagógicos, sin esas manipulaciones politiqueras baratas? ¿Estaremos capacitados para organizarnos, garantizar la democracia plural sin populismos, avanzar hacia modelos de mercados en los que se respeten los derechos humanos que no esclavicen aún más a la población? ¿Quedarían ímpetus para la diversidad de ideas, prácticas libres del pensamiento, autenticidad de palabra, promesas leales y respetables con la población cubana que puedan ser puestos rigurosamente al servicio del desarrollo económico y social? ¿Cuánto durarán las secuelas psicológicas del castrismo, teniendo en cuenta que la mayor tortura ha sido la de la destrucción de la personalidad, y que esta tortura se ha aplicado con excesiva y eficiente sutilidad?

Nuestro país posee una historia, no solo una historia social, no solamente tuvimos y tenemos «héroes de mil batallas», hemos tenido grandes científicos, escritores, artistas, pensadores, genios en la economía, sabios empresarios, luminosos emprendedores, y una tradición republicana y democrática antes y después del cuartelazo de 1952, porque sabido es que Fulgencio Batista y Zaldívar convocó nuevamente a elecciones en 1953 y luego en diciembre de 1958 ganó el candidato liberal Andrés Rivero Agüero. Elecciones malogradas, sí, todo sea dicho y recordado, por el terrorismo de los rebeldes revoltosos que triunfaron en 1959, quienes fueron los que destajaron de un golpe rotundo las vías democrática y republicana.

Me gustaría suponer que la mayoría de los cubanos estaríamos dispuestos a una transición pacífica, a un cambio rápido y radical con moderación e inteligencia. Lo que sí es seguro sería que los que no están dispuestos son los mandantes y los «pactantes», como los ha llamado Guillermo «Coco» Fariñas Hernández, líder de FANTU (Foro Antitotalitario Unido). Cierto es que un cambio radical implicaría que habría que remodelar la legislatura y la Constitución del 40 —pasados cinco años—, las posteriores no pueden vincularse a nada, porque nada puede ser posible en el sentido de la libertad y de la democracia republicana con las leyes y la constitución castristas vigentes. Y esa regulación es lo que quisieran evitar los que se han apoderado de Cuba desde hace más de medio siglo.

Sin embargo, soy de la opinión de que los cubanos debieran sentirse dispuestos también a una liberación de corte brusco. Más vale rojo una vez que amarillo cien veces. Eternizarse en el amarillo ya sabemos lo que trae. Chinerías u oligarquías dispuestas a todo.

Hace un tiempo leí en un periódico —conservo el recorte— que se había permitido en Cuba el derecho a la vivienda, ¿sin el Estado? Me pregunté al tiempo que leía... ¿Todavía seguirán los cubanos comprando sus viviendas al 50 por ciento con el Estado que se las decomisa cuando le dé la gana? Al irme al exilio perdí dos apartamentos: el de mi madre y el mío. Los dos pagados, y aunque a un precio módico relativamente, no me pertenecían al 100 por ciento. La prueba es que en aquel tiempo (1995) no pude venderlos porque el Estado no lo consentía (al parecer eso ha variado), tampoco pude donárselos a un familiar, y mucho menos a un amigo. Para que en la Cuba futura la gente sienta que vive en libertad las leyes de propiedad privada deben ser reestructuradas. ¿Quién posee algo en Cuba de verdad? Nadie. Ni siquiera la entrega de parcelas de tierra a los campesinos significa nada. ¿Pueden esos campesinos vender libremente el producto de sus tierras? No, solo al Estado, quien a su vez le revende al pueblo, en calidad de intermediario y cuyos beneficios son apabullantes. ¿No merece que para que esto se acabe de una vez dejemos de ponernos amarillos una eternidad?

No pienso, como se ha dicho tantas veces, que los antiguos propietarios en el exilio deban regresar masivamente a Cuba con el ánimo de reclamar y de despojar a nadie de lo que les perteneció porque se lo ganaron con su trabajo, aunque ¿y por qué no? Hace algún tiempo también vi una película dirigida por el músico y compositor Michel Legrand, titulada *4 juin*, en relación con ese día específico de la liberación de Francia de la ocupación alemana. En la historia un hombre regresaba a su casa abandonada después de huir de los nazis, y se encontraba la vivienda como él mismo la dejó; entonces volvió a ocuparla porque era suya, era la casa familiar. ¿Por qué no pudieran acontecer hechos semejantes en Cuba? Los cubanos que fueron expropiados debieran reclamar todo a través de indemnizaciones y con intereses. Es su derecho. Además, lo que dejaron está casi todo en ruinas. De lo que quedó intacto, que es lo que precisamente cayó en manos de instituciones castristas, ah, eso sería ya otro cantar. Ahí sí debe de haber recuperación, y no solo; ahí debe de haber remuneración de por vida a sus familiares y herederos.

Mi abuela, hija de mambí, recibió del Gobierno de Batista una pensión de por vida por haber sido hija de mambí, o sea, heredera de una gloria, lo que le fue arrebatado por el régimen de Fidel Castro en cuanto tomó el poder. Pues el castrismo ha sido una larga y espantosa guerra en contra de los cubanos, eso debiéramos también tomarlo en cuenta a la hora de replantearnos exigencias de nuestros derechos.

¿Acaso los que fueron expropiados, vandalizados, robados, no merecen una compensación razonable en acuerdo con la justicia funcional? Que pudiera ser viable mediante distintos métodos muy reales y posibles en el mundo actual. ¿Será cierto que algunos líderes de la oposición en el exilio han roto esa esperanza comprándose en secreto residencias en la isla? ¡¿Cómo lo hicieron sin el contubernio con el régimen?!

Para que la sociedad cubana se entere, y sobre todo perciba el cambio radical, debe disfrutar no solo de la mejoría, por encima de todo de la transparencia, de la verdad política, sin ello no existiría libertad radical. No solamente de una mejoría económica, caso de que la hubiere, al mismo nivel de un cambio social profundo. Nada más real para recuperar un correcto sistema de salud del que se beneficien todos que adoptar modelos de elección, como en el capitalismo, que los hay, existen, y son en numerosos casos, ejemplares. La salud debiera liberarse en el neocapitalismo cubano.

En esa Cuba futura la palabra clave es libertad. Liberar a los presos, liberar la economía, liberar la sociedad, eliminar tabúes concebidos desde una única ideología y no desde las ideas prolíferas. Lo primero, desde luego, es liberar el poder y entregarlo a los cubanos, o a plazo medio a un intermediario que proceda a entregar el mando a los cubanos.

No existe ya nada que buscar en el pasado más reciente de naturaleza castrista, como no sea el aprendizaje sobre el horror, la experiencia nefasta de una concepción negada de la historia y de la humanidad. De lo malo también se aprende. Aportaría poco alimentar rencores perennes y acudir a la venganza sin vergüenza como liberación individual, pero no debemos olvidar lo que nos ocurrió, y que también el rencor y la venganza son formas justicieras humanas. Para vengarnos con vergüenza existen la justicia y los tribunales penales internacionales, como ha ocurrido con otros tiranos; pero con los tiranos de Cuba esos tribunales penales hasta ahora han hecho oídos sordos, han mirado hacia otro lado. De ahí que debamos pensar y constituir nuestro Núremberg.

Sin la justicia no podríamos reconstruirnos moral y humanamente, tampoco económica, política y socialmente. Con venganza, un derecho, y con vergüenza, preferiblemente mediante la justicia, sí. De lo contrario no serviría de nada haberlo ni siquiera intentado.

## LA CUBA FUTURA:
## ¿UNA ISLA FUERA DEL MUNDO?

En numerosas ocasiones he tenido que oír por parte de personas que viven en el mundo libre que Cuba es ni más ni menos como cualquier otro país, pero además maravillosa y cívica. No he podido callarme, y he respondido con la intransigencia de la realidad. Sé que no estamos perfectamente preparados para rehacer un país, porque esa perfección no ha existido jamás. Pero al menos, permitan que los cubanos lo decidan en libertad y democracia. Dejen que Cuba sea un país libre por nuestra diversidad de ideas y no con las impuestas por nadie ajeno a nuestra tragedia. Pediría inclusive que sea hasta un país corriente, sin esos traumas del «faro de Sudamérica», ni el «más antiimperialista del planeta»...

En primer orden porque todos esos epítetos supuestamente gloriosos, muy a lo imperialismo comunista chino, no son ni fueron patrimonio del castrismo. Cuba fue verdaderamente faro de Iberoamérica —desde su economía floreciente y vital— a partir de 1957 en que se colocó entre los tres países mejor desarrollados económicamente en Sudamérica (el término América Latina es, como ya he escrito más de una vez, un invento francés). En cuanto al antiimperialismo del pueblo cubano, creo que siempre lo fue, para su peor desgracia; ese ha sido sin dudas desde la no aceptación cien por cien de la criollez tras la Conquista uno de sus grandes fallos.

Que Cuba devenga un país normal será posible en la medida en que los cubanos seamos capaces de serlo y de reconstruirnos como seres capacitados para lo normal. El castrismo nos inoculó el complejo de ser el ombligo del mundo, y un miedo injustificado al capitalismo, tras haber vivido bajo un capitalismo republicano próspero. A ese veneno se han sumado varios países colaboradores del régimen, siendo ellos mismos capitalistas. No pocos europeos lamentan que la isla cambie radicalmente hacia el nuevo capitalismo porque entonces se volvería insostenible el entendimiento amo-esclavo, que es lo que al final les interesa que sigamos siendo: esclavos.

No advierten que los Castro hundieron a esa isla en la miseria, y la solución que encontraron luego, para sacarla de la miseria, ha sido la de un capitalismo salvaje en el que solo se beneficien ellos, y para el pueblo: miseria con pachanga. Los que así piensan debieran admitir que lo que se les acabará a todos será precisamente esa pachanga mal pagada, la cogedera de mangos bajitos, la «Grantanamera» a costa de la libertad de los cubanos (por lo que en esto incluyo a una cierta oposición).

¿Por qué no tendríamos también derecho a un capitalismo normal y justo, con libertades, pluripartidismo y democracia, o un neocapitalismo que haría la envidia del resto del planeta? Es hora de que lideren personas cuerdas, no descerebrados, y mucho menos tome el mando otra vez una banda de exhibicionistas y bullangueros. Es hora de que los deseos ajenos cesen de ser órdenes impuestas para los cubanos de a pie que deban cumplir sin derecho a protesta. Seamos honestos, entre un mundo totalitario y un mundo capitalista, no hay dibujo que lo supere, el segundo ha proporcionado mejores y las más humanas y adecuadas propuestas a la humanidad.

Podríamos sospechar, no obstante, que en el proceso de liberación y democratización varios compatriotas quedarán al campo, muertos en vida —si me entienden bien—, pero esos serán los que han vivido cegados e inertes, con la fe anclada, en el castrismo unos, y otros con la fe recostada en las modas dentro de la oposición, o los que habrán renunciado a la esperanza de otras vías posibles, y a la dignidad que les facilitaría devenir individuos libres.

Raúl Castro tiene casi cien años, no está ya en condiciones; pero creó escuela, como su hermano. Para desgracia de Cuba esa escuela castrista es una realidad empotrada en los cerebros; la raulista, en los bolsillos. De esos cerebros habrá que desempotrar el adoctrinamiento que ha durado más de sesenta y siete años y que ellos vaticinan ahora mediante su propaganda que durará sesenta y dos milenios. Sacar la *démarche* raulista de los bolsillos será más difícil. Si no actuamos, no lo duden que así será, que aquello se eternizará por esas dos vías. Con lo cual, el debate político debe ser liberado, las buenas costumbres en política que tienen que ver mucho con la lealtad y la vergüenza, deben ponerse en práctica de inmediato.

Los reiterativos congresos del PCC no variaron ni un ápice de lo que habían propuesto desde su ideología comunista como discurso, esa misma declaración de retahíla de fervores revolucionarios, los que confunden con los deberes patriotas, no es más que un *compte rendu* cual termómetro para medir el estado de opinión, sin más. Sospecho que el próximo congreso seguirá las mismas pautas, en caso de que Donald Trump y Marco Rubio no lleguen a tiempo para evitárnoslo.

No solo los presos no han sido liberados, además la oposición los olvida para sumarse a la bachata de las detenciones espectaculares que a veces no duran ni una hora. La diversidad social no puede confundirse con la variedad social, como tampoco la gran política debiera confundirse con la *varieté* de los incultos y vanidosos *influencers* que se enriquecen al mismo nivel que el castrismo a costa del dolor de los cubanos. Lo diverso calcula la cantidad, refiriéndose también al contenido y su calidad. En la variedad, el contenido resulta imprescindible, pero no así la cantidad, y la calidad entonces sería preferiblemente excluyente. En política la variedad es populismo a pulso. La diversidad se ocupa de que seamos considerados valiosos en los medios de la alta política internacional. Los cubanos cada día se alejan más de esa posibilidad con sus actitudes reacias de devolverle a Cuba la nitidez de la Perla de las Antillas que otrora fue. *Make Cuba The Pearl Again*.

Aquellas medidas raulistas que tanto la gente esperó (menos yo) cuando Castro II tomó el poder, y que con Obama se suponía se harían posibles, ni siquiera asomaron la cabeza, no aliviaron en nada el malestar de la población porque sencillamente no existieron. Por el contrario, se instauró un malestar cada vez más generalizado y también más minimizado y devaluado como pena y desdicha nacional. El malestar ha ido agudizándose para beneplácito de los que con él se enriquecen, sean los oligarcas del régimen, sean los «puestos» a dedo del exilio. Así seguirán, porque ahora es cuando es, y no cuando nadie quiera, decidiendo siempre en el lugar de nosotros o de otros, porque ya desigualdad y racismo no es más que un discurso inclusivo para conseguirse un *grant* y convertirse en el intermediario entre el Gobierno norteamericano y la tiranía.

En Cuba existe una miseria devastadora, para nadie es un secreto. Gente que vive y se mal alimenta de los latones de basura, que no reciben ni un centavo de las remesas ni de nadie. Gente que se pierde entre tantas monedas, gente que muere sola en las calles, sentados en una acera; niños muertos a montones que a nadie les interesan, siendo como somos mitad africanos. La mayoría son ancianos jubilados, obreros, enfermos, estudiantes, que son considerados ciudadanos de segunda y hasta de tercera y de cuarta, por culpa del *apartheid* inherente al castrocomunismo, y a ese otro *apartheid* tan criminal como el anterior: el del olvido y el borrón y cuenta nueva por parte de una diáspora que ya no es más el exilio digno y ese sí puesto otrora para la libertad de Cuba, en lugar de puesto para el daño, el *baro*, la mansión, el Mercedes Benz, el rancho, las vacas, y el *negocete* actuando encima de los hombros de Cuba. El *apartheid* en dos palabras de la Cuba Inc.

Antes, nadie podía adquirir nada, ahora compran los que tengan mayores posibilidades de vivir de esa Cuba Inc. Y esos ya no son unos pocos, una élite de bichos que se retroalimenta entre sí. Algo ha variado, y es que, si hasta hace unos años todavía la gente se rebelaba, ahora con apagones o más bien «alumbrones», pero una internet imprecisa, esa internet que tanto reclamó Yoani Sánchez para su bienestar y el de los suyos, ha servido para que los «tontolabos» aplaudan, chillen, se sumen a la infamia, sin más. Si no se está de acuerdo: el linchamiento verbal, la difamación, la calumnia están al punto servidos en las redes sociales como arma de exterminación del prestigio y de la reputación. Otros se contentan con mirar y seguir de largo, no compran, pero tampoco se implican. El poder reinante les inculcó hace tiempo que así de bestial es el presunto capitalismo que les tocaría a ellos cuando el monstruo brutal enseñara sus garras. Sin intención alguna de enfrentarse a las garras, prefieren darse la vuelta y que el arañazo toque a los mejores capacitados. Ya son ciudadanos de un capitalismo salvaje de vitrina, en el que solamente vibran como observadores complacientes, como masa compuesta de placentas alternativas.

El lenguaje raulista, su método, en buena medida contribuyó a esta novedad. Impuso un maquillaje, sin expresarse demasiado, sin invertir energía personal. Raúl nunca fue ni por cercanía fraternal parecido en lo más mínimo a Fidel. Carente de carisma y de verborrea orate que hipnotizara, se dedicó a manipular en la sombra, quedándose callado actuaba mejor, infaliblemente, muy activo, redibujaba un mapa aliñado con sus chistecitos pesados, sabiendo ser astuto, entregándole el poder económico al ejército, desde aquella primera Corporación Gaviota, sin olvidar al MC (Moneda Convertible: Marihuana Cocaína) de los generales, posteriormente fusilados tras mostrarse lo evidente del negocio de la droga, creado y amparado por ellos mismos...

Raúl Castro estuvo muy lejos de ser un mago, él mismo lo confesó, todavía más lejos de ser un demócrata como deseó el resto del planeta, ¿quién lo duda a estas alturas? Lo cierto es que sus años de gobierno no cambiaron nada más que el reducido derecho a la adquisición de una cierta pacotilla, unos viajecillos por aquí y por allá, la reactualización de la chusmería y la imposición de la misma mediante la labor de una pseudooposición creada a su imagen y semejanza como el discípulo que fue de Félix Dzerzhinsky, fundador de la Checa, bajo las órdenes de Vladimir Ilich Lenin.

Durante todos estos años bajo el poder de Raúl Castro y de su marioneta Miguel Díaz-Canel, ninguno ha conseguido variar nada más de lo que variaron las cosas en el año 1989, cuando se inició aquel nefasto Periodo de Rectificación de Errores y Tendencias Negativas. Época en la que comenzó la más dura y siniestra crisis económica que ha vivido la isla a merced del desmoronamiento del bloque socialista y la demanda de ciertos sectores de la sociedad hacia cambios edulcorados y progresivos. Época que se parece mucho a la actual, pero las demandas de cambios no son diversas, sino variadas, o sea desde la *varieté* de un inusual reguetón patriótico.

En 1989 culminaba entonces la época en la que el negocio de la droga y de la guerra en Angola facilitaron cierto *confort vivendi* a la población, a la manera de algunos países comunistas, aunque sin llegar a los «goces» de la RDA. Raúl Castro lo único que consiguió desde entonces ha sido demorar el modelo oligárquico ruso hacia una transición de los viejos Castro hacia los nuevos Castro, con una real oposición apaciguada y fatigada, y una novata e insulsa disidencia cuya permanencia moral se adapta muy bien al latigazo del dominador de turno.

## LA CUBA FUTURA:
## EL CÁNCER EXTIRPA AL NÓDULO CUYAS
## SECUELAS CREAN OTROS TUMORES

La familia Castro ha decidido partir mediante el túnel simbólico del ano, siguiendo el ejemplo de su amado Joseph Stalin (vean *Kroustaliov, ma voiture!* [1999], un clavo a lo *soviet* de Alexeï Guerman, realizador comunista privilegiado del régimen devenido contestatario, donde se narra la enfermedad estomacal y anal del tirano soviético). Nunca unos culos han tenido mayor impronta, aunque demorada y tardía, en la historia de la humanidad; salvo el de Marilyn, por otras razones, y ya ven cómo terminó... Pues como terminaba todo el que se mezclaba con los Kennedy y, si no observen Bahía de Cochinos, pero ese ya es otro tema, aunque de alguna forma enlazados, porque si los expedicionarios de Bahía de Cochinos no hubieran sido traicionados por el malvado y percherista Kennedy, los esfínteres de los Castro no habrían tenido que maniobrar tanto para apartarlos del poder. Definitivamente sí, nunca unos ojetes en última instancia han sido tan patrióticos y heroicos.

Por una de esas razones a los que nos conduce de manera tirante la profesión debí asomarme a unas cuantas sesiones de aquel 8.º Congreso, que no ha variado respecto de los siete anteriores ni de los que vinieron después en modo congresillos, más que en el acontecimiento —al parecer *sobrenatural* para la prensa internacional— de que un vejete de 90 años y su ano den su consabido quehacer... El ano de Castro lo obligó a despedirse de sus múltiples cargos, aunque no del poder, como él mismo subrayó; desde una aparente lejanía siguió vigilando y mangoneando. Lo otro en lo que se diferenció este congreso de los precedentes y venideros fue en que algunos de los asistentes, la mayoría, llevaba mascarilla contra el bicho maoísta del PCCH, por lo que no pudimos reconocer si eran los mismos del primer congreso o sus herederos ya crecidos, cual petulantes marionetas en idéntica línea de continuidad de la marioneta en ejercicio de desgaste; veremos hasta dónde llegará Miguel Díaz-Canel, el pelele de turno.

Un congreso insulso en el que no vimos tampoco la completa destrabazón de los negocios particulares, ni siquiera un estudio lógico del pago de los impuestos para quienes ganan muy poco y cuyos pagos son altísimos y vejatorios, abusivos. La moneda siguió siendo un desbarajuste a trote y desmoche. Los salarios más bajos de la historia de la humanidad, ni en Corea del Norte, según me explican. Los escandalosos precios de los pocos y mediocres productos alimenticios en el mercado dan grima. Los exiliados que se portan bien, o sea, que son obedientes, vuelven a ser emigrantes que costean los caprichos de los generales de ese régimen militar. Los permisos de regreso son solo para aquellos que ellos consideren, autorizados por supuesto dentro del «marco» (fea palabra) de la sumisión sin límites. El acceso a otro mundo superior dentro de la isla exclusivamente preestablecido para beneficiar a una casta, la casta comunista dirigente y sus hijos y nietos. El resto del pueblo sumido en la miseria, aunque contento y al parecer engalanado todavía con los harapos de la heroicidad revolucionaria.

Los dirigentes no paran del cacareo habitual al que acostumbraron a ese pueblo durante más de sesenta y siete años; entre ellos mismos se comen a mentiras diciéndose que no permitirán un capitalismo de oligarcas, cuando ya lo tienen en sus propias narices e implantado por ellos mismos. Y al que no le guste, tafia, muerte segura mediante envenenamiento o embestida automovilística contra un árbol. La miseria de Haití es lo que le venden a un pueblo ciego como la elección hacia un capitalismo próspero, aunque ya algunos que viajan van a suministrarse en Haití de productos inexistentes en Cuba. Pronósticos falsos evidentes, negativos, con la intención de sembrar el caos o de hundir la raíz todavía más en el menosprecio y la depresión. Entre tanto la vía de una oposición elegida —puesta a dedo por el Gobierno de turno de Estados Unidos y por el mismo castrismo— que los haga parecer benditos ilustrados se acentúa cada vez más... Una oposición interior elegida, y un exilio también elegido por los lacayos de la tiranía y la casta de poder en Washington.

O bien como subterfugio otra vez el mantra del cúmulo de medidas que de solo oírlas duermen hasta a las piedras. Kim Jong-un y su hermana parecieran en comparación más simpáticos, ultramodernos, o al menos más actuales, inclusive con ese pelado de cabeza de cazuela de cuando China invadió a Japón. Medidas torpes, ninguna para ganar, todas para perder, para que el pueblo pierda. No ellos, ellos ganan siempre, como quiera que se lancen los dados, ay, Mallarmé, nada abolirá el azar, ese azar del patio concurrente lezamianito de la jiribilla con guarandol.

Alguien habló en algún momento de eclosión económica al estilo Pinochet. El sujeto es chileno, Max Marambio, y se hacía llamar el Guatón; comunista pero actuaba como capitalista, debió exilarse de Cuba donde se enriqueció a costa del dolor y la pobreza del cubano. No tardó en ser entrevistado, oh, *azar concurrente* y ocurrente, por la agente literaria del *boom* latinoamericano, la sin par Carmen Balcells. Un Chile derechista lo recibió con los brazos abiertos, que si analizamos como mismo se analiza a la derecha en España, vendría quedando a la derecha de Augusto y de Franco juntos, aunque con invocación centrista, que es como se autodenominan todos, incluida la ultra centro centrista centrada Rosa María Payá Acevedo, líder de Cuba Decide, desde su exilio rococó, que aunque autodefiniéndose como la Centralita de los Centros ha hecho política muy acomodada y encaramada en los pedestales del asesinato de su padre por los comunistas, de la derecha española y de la ultraderecha también española y del resto del mundo; acomodada también a la derecha de Donald Trump chapurreó incoherencias imperdonables, que si con barcos que jamás llegan a puerto castrista se tumbaría a la tiranía, que sin pasos de cambio, cual *ballerina* ofuscada en puntas en el muro del Malecón habanero... Y los cometrapos del exilio ahí aplaudiendo: «¡Ahora sí, ahora sí, ahora sí... tumbaremos aquello!». Como mismo unos pocos meses atrás gritaban en la Plaza de los Escombros Revolucionarios: «¡Ahora sí, ahora sí, ahora sí... construiremos el socialismo!». No me canso de repetir que lo de Cuba da dentera, allá como acullá.

Más de sesenta y siete años y lo que supuestamente queda aguantando semejantes dramones hacia un babeante público al que no le acaban de brotar los primeros dientes... Un obrero cubano exiliado en su perfil de Facebook alertó de que esto del cáncer que se devora al otro cáncer es para que sintamos lástima, lo creo igual. Y para que terminemos por fin de aliarnos —esto lo añado yo— a esas otras secuelas tumoríficas que se avecinan: las llagas de una contemplación del dolor de los cubanos, conceptualizándolo, encasillándolo en sectores de «ordenativismo» desmoralizante: «artivistas», como ahora se les llama o se autodenominan los artistas que han decidido desviar la atención de la verdadera tragedia nacional para enfocarse a sí mismos, darle un impulso de pala al socialismo del siglo XXI o *nouveau socialismé*, en el que se vuelven a airear los odios y se reabren las heridas cicatrizadas desde hace más de medio siglo del tiempo de ñañáseré; llamando la atención sobre el papayocracismo con halitosis, la homosexualidad o viralosexualidad fluida, el racismo siempre encarado hacia un solo color: el negro tornasolado *woke*.

Mediante una jerga muy poco consistente, musicalidad agregada, como mismo son los lamentables espectáculos inspirados en lo más decadente del socialismo emanado de esa parte costrosa de las universidades norteamericanas, un izquierdismo churroso estructuralizado (estructuralista actualizado) referenciado más tarde por las acomplejadas «damiselas» de la intelectualidad europea. Un espectáculo en el que esclavo se autointroduce en el mismo garrote vil que le prestó el museo de la tiranía, se coloca él mismo (o un subalterno) las esposas del verdugo. Un segundo protagonista se supone que se autoinmola y obliga a inmolarse a sus seguidores durante una huelga de hambre de pasarela y a la carta... El *ajte* del *artivista,* cada vez más feo y anodino, maniqueo plagio del más achocolatado Disney, supera aquel espantoso agujero blanco en una pantalla negra de la conceptual tribalista Tania Bruguera, la sexualista pieza de cambio asambleísta, que nos hace ver al más mediocre como al Leonardo Da Vinci de la suposición tardía y del exilio de *socialité.*

Menos mal que todavía queda un Michel Houellebecq o un Jean Sévillia para sopapear a semejante gentuza... Aunque ni siquiera los leen en su idioma original.

## LA CUBA FUTURA:
## «EL CAMBIO YA FUE»

¿Quiénes entonces poseen alguna respuesta a la interrogante de si en Cuba habrá un proceso de transición pacífica, que no quiere decir que sea un proceso digno, pudiera significar todo lo contrario? La respuesta la tienen la familia Castro, los dueños de la isla, la oposición fabricada a su medida, y el nuevo exilio reguetonero e influenHeces(ro). La respuesta de ninguna manera la tiene el pueblo cubano, tampoco los verdaderos disidentes y opositores, y mucho menos el exilio histórico, el digno exilio. El Gobierno norteamericano, como siempre, desde lejos contempla la pachanga y el relajo sin inmutarse, pese a que fue Estados Unidos quien no solo permitió, sino impuso esta tiranía en Cuba, con la anuencia de un pueblo equivocado y bastante poca cosa. Pero serán solamente los Castro quienes decidirán mediante supuestas conversaciones o negociaciones, quién lo sabe, visto lo que estamos viviendo, si los cambios «estructurales» anunciados hace tiempo por Castro II se transforman en libertad plena y radical, y no «espectaculares» dentro de la expectativa de una oposición creada a la medida, los que pondrán fin a una época de penurias económicas; lo que a mi juicio es poco probable en breve tiempo.

Por el momento aconsejo: no alberguen demasiadas ilusiones en el terreno de la democracia y las libertades. No esperen nada para el pueblo urbano y mucho menos para el campesinado. Una vez que la pacotilla sensacionalista invadió los cerebros, aguándolos con imágenes de celulares, arroceras, y toda la parafernalia prometida, el objetivo de libertad absoluta si alguna vez lo imaginaron se transformó en pena pasada. ¿Alguien querría mañana levantarse, dirigirse a la Plaza Cívica, y gritar a todo pulmón «¡Viva Cuba libre!» sin que lo encarcelen, sin que la policía política se atreva a cuestionarse libre de qué... del imperialismo, o de qué... Los refranes de «Díaz-Canel singao» más recurrentes en los últimos tiempos dan la medida de que todavía no existe un pueblo preparado para vocear «¡Abajo los Castro!» e irse a reconstruir sus vidas. Y cuando me refiero a los Castro incluyo desde luego a Alejandro Castro Espín, a Mariela Castro Espín, a todos los Castro, los viejos y los nuevos, a sus nietos, bisnietos y sobrinos nietos. Porque no olviden que inclusive con Mariela se tiraron sumisos en plancha o corrieron detrás de cualquier conga pajaril.

Resulta curioso cuando se tocan estos temas cuestionándolos, viniendo de mentes y bocas cubanas, suena a pasión, a sinrazón, sobre todo a trastorno de la psiquis. A todo suena, menos a patriotismo natural.

Hace años, leí también que un músico cubano llamado Elvis Manuel se hallaba desaparecido después de un intento de fuga del país en una averiada lancha. La embarcación por fin fue encontrada vacía, pasaron varios días en que no se sabía si el joven muy popular en las televisiones miamenses —hoy olvidado, como tantos— vivía o no... Su madre había conseguido subirse en otra lancha; sin embargo, un escampavías norteamericano la interceptó y la devolvió a Cuba. Nada más, fin de la historia; la que si hubiera sido protagonizada por un marroquí en una patera diera para unas cuantas películas hollywoodenses y varios premios Goya y hasta numerosas estatuillas de los Oscar. Pero con los cubanos nada es igual, nada cuaja; nuestro dolor ha sido no solo ignorado, ha sido cruelmente vejado. Hasta de los venezolanos hacen películas, como la reciente de la Fundación Disenso sobre María Corina Machado. Llevamos más de sesenta y siete años soportando estos dramas. Miles y miles de víctimas, muertos devorados por los tiburones, fusilados, desaparecidos, ametrallados, como los recientes jóvenes patriotas, entre los que iban obreros, campesinos, y un poeta...

¿La culpa es como dice el mantra castrista del «imperialismo yanqui»? ¿Huyen los cubanos de ese imperialismo o por el contrario nadan desesperados a cobijarse bajo su protección? ¿Se han reconocido nuestros desaparecidos, nuestros ametrallados sin juicios? No. Son personas que como todos tuvieron sueños y esperanzas.

En un vídeo que encontré en YouTube, el joven músico Elvis Manuel, junto a otros jóvenes, canta, improvisa... Uno de ellos sostenía dos teléfonos móviles, se podía ver también una computadora medio desguazada, aunque funcionaba... Por lo visto, aquellas nuevas y hoy caducas medidas raulistas impuestas por Raúl Castro, y por José Ramón Machado Ventura como su caótico segundo extremista al mando, y la ralea de militares de toda la vida, no detuvieron a Elvis Manuel a la hora de lanzarse al mar. Por lo visto, Elvis Manuel buscaba otra cosa, anhelaba la libertad. Buscaba un sitio en el que su creatividad prosperara bajo libertades cotidianas. Sin embargo, en la actualidad Elvis Manuel ni siquiera es recordado por los de su propio gremio, supuestamente el de la cultura, ni en el exilio, porque no llegó a la otra orilla ni pudo ganarse el honor de ser un exiliado.

No estoy de acuerdo con los que afirman que la oposición y

el exilio más reciente han sostenido una posición férrea frente al inmovilismo de La Habana. Más bien se dejaron arrastrar por ese inmovilismo y se han acomodado a las prebendas que la Cuba Inc. de un lado como del otro otorgan. La posición de los últimos exiliados —¿emigrados?— ha variado mucho de la de los primeros y de la del digno exilio de cualquier época. Han puesto en discusión numerosos proyectos reales y exigentes con relación a la tiranía, para imponer los más descabezados, flojos y *furrumalleros*, por no decir consecuentes con la tiranía misma. El diálogo de una manera u de otra se ha establecido, y qué mejor que aparentar que se hizo y se hace mediante una discusión ilusionista, un tira y afloja, un huéleme el nabo aquí y allá...

Muchos nos enfrentamos a cualquier diálogo, tenga el rostro que tenga. Con los Castro no se dialoga, hemos repetido una y mil veces. Empezando porque ellos mismos no están interesados, y después porque si lo estuvieran sería una traición imperdonable de nuestra parte a nuestros muertos. ¿Dialogaron los judíos con sus verdugos nazis? De ninguna manera. ¿Olvidarnos del derribo de las avionetas de Hermanos al Rescate justo cuando el expresidente Bill Clinton hacía sus fintas para suavizar el embargo o boicot comercial mientras introducía un puro habano en las partes íntimas de una becaria, y se vestía con un vestido azul ceñido de mujer para una obra en la sala de una de las mansiones del pedófilo Jeffrey Epstein, en una de cuyas mansiones, la de París, Fidel Castro se retrató dejándose besar por la misma chica enlazada por la cintura por el príncipe Andrew, la que le daba masajes en la espalda a Clinton? ¿Dónde quedaron las víctimas del Remolcador Trece de Marzo en sus memorias, la masacre del río Canímar? ¿Y el resto...?

Ninguno de los proyectos melosos de una supuesta oposición y de un exilio doblegado les ha valido a los Castro. Del otro lado de la mesa a la que se sentaron los traidores, la ausencia, la callada o la chusmería por respuesta... La oposición y el exilio debieran continuar dentro de su diversidad exigiendo libertades y democracia, con justicia republicana y Constitución revalidada mediante. Es el único modo de garantizar la puesta en marcha de un cierto respeto mundial frente a nuestro dolor, y no al revés. Es una deuda pendiente de nosotros con nosotros mismos, luego con el mundo. Con esa deuda saldada continuaremos hacia un limpio trayecto en el que al final nos espera una sociedad más justa y más libre. Debiéramos leer, estudiar más a Leví Marrero, cuya obra entera demuestra que desde el exilio han existido y existen propuestas económicas y políticas muy sólidas y liberadoras.

La oposición y el exilio auténticos están en su derecho de no reconocer el diálogo con el régimen raulista, de negarlo de tajo. Reconocerlo enmascarado tras sus variadas marionetas se llama traición. Durante todos estos años una parte de la oposición ha enviado cientos de cartas al régimen para demandar un cambio, ninguna ha sido contestada. Recuerden la famosa del Proyecto Varela, la Protesta de los Diez, La Patria es de Todos... La única respuesta ha sido la represión, el encarcelamiento, el asesinato político.

La fuerza moral está de parte de la oposición real y del exilio digno, del sacrificado pueblo cubano. La clase dirigente no posee ni siquiera la fuerza económica y mucho menos la política, solo cuenta con el terror y la presión represora. Esa fuerza represora y el terror debieran desaparecer de cuajo, y se debieran poner en función de la fuerza moral el resto de las fuerzas. ¿O están muy atareados en adoctrinar a una parte del exilio con plebiscitos vinculantes, falsas huelgas de hambre, fetecunes y *perfomances*, tipo Planes de la Calle pioneriles castristas? ¿O siguen algunos, esos que al descaro declaran en las redes sociales que «el cambio ya fue» mientras se enriquecen como mismo hace la tiranía con el dolor de los cubanos, muy ocupados en dar una imagen de que el capitalismo a la larga tampoco

significa libertad si no se posee la suficiente pacotilla hojala-
tera y brillosa, de lo que tanto huyó el más grande de todos los
cubanos, José Martí?

Como ven existen más interrogantes que presunciones y
propuestas. Quizás todavía no se han sabido valorar las propo-
siciones del digno exilio y de la real oposición interna, y varios
sigan abrumados con las ofertas del Cuba Inc. a la expectativa
de lo que dicta el buró político y sumándose a la eterna conga
del Consejo de Estado, y del Gobierno estadounidense.

En mi caso particular solo admito una idea de la libertad,
de un Estado de derecho, de justicia; porque supongo que sea
el único modo de dejar de ser solo seres cubanos para por fin
convertirnos en seres humanos.

En la antigua Roma a los esclavos se les saciaba el hambre, como a los esclavos de cualquier continente se les saciaba
el hambre mínimamente, hasta un punto, en los barracones,
con dietas que cuidaran de su salud, las que por cierto ya quisieran tener los cubanos actualmente; pero seguían siendo
esclavos porque no eran libres de acción ni de movimiento, y
mucho menos de pensamiento. Esto no va de color de la piel
ni de preferencias sexuales. Esto va de comunismo, un sistema
que aplasta a todos los seres humanos por igual sirviéndose de
la venganza, y sin vergüenza. Ojalá que los cubanos puedan
saciar su hambre histórica estomacal, pero que logremos por
encima de todo que puedan saciar su sed de libertad. Que puedan apreciar la vida de manera natural y libres, como en aquel
poema dedicado «Al Cauto», cuyo autor es Carlos Manuel de
Céspedes, el padre de la patria:

*Así es el hombre. Entre caricias nace;*
*risueño, el mundo al goce le convida;*
*todo es amor, y movimiento y vida.*

# ORÍGENES

Si debiera estudiar más precisa y ampliamente los orígenes del mal que acarreó la destrucción de Cuba, un país maravilloso, tendría que hurgar profundamente en diversas llagas históricas. Mediante este ensayo pretenderé hacerlo, desde puntos de vista diversos que comparto con algunas personas sumamente preparadas. El objetivo es visualizar además los orígenes de la economía cubana, su situación histórica y más actual y los caminos que se debieran recorrer en el futuro, empezando desde ahora. Pero ese ahora no podrá ser posible si no pensamos en que habrá que hacer tabla rasa con no pocos prejuicios y pruritos.

Expondré lo que pudiera leerse como un breve resumen histórico económico de Cuba, que pudiera usarse de precedente a un análisis en profundidad que conduzca a encarar las oportunidades y posibilidades en el momento en que vive la isla, en el que intenta desde la dictadura adentrarse en un proceso global, sin aportar más que miseria y deudas monumentales.

Como interesada que indaga y obtiene conclusiones, pero sobre todo como afectada, he hecho un recuento salteado de los casi seis siglos (1510-2025) de progreso económico del país, lo que se entiende como siete momentos:

Esta revisión, aunque necesariamente fragmentaria, buscaría mostrar cómo las diferentes etapas históricas han marcado el rumbo económico de la isla, con avances, también retrocesos y, en más de una ocasión, rupturas profundas.

Cada uno de estos momentos encierra una dinámica particular: desde la inserción en los circuitos llamados *coloniales*, pasando por la influencia extranjera y los vaivenes de la independencia, hasta las contradicciones agudas del experimento socialista y el desconcierto de las décadas más recientes.

A través de estos siete tiempos, se observa que el aparato económico cubano nunca ha estado realmente desconectado de los vaivenes políticos y sociales, que toda transformación —por más radical que se proclame— arrastra consigo tanto los fantasmas del pasado como las incertidumbres del futuro.

Así, la economía cubana ha sido un escenario de pugna continua entre modelos impuestos y tentativas de autonomía, una historia tejida de dependencia del azúcar, inyecciones de capital extranjero, crisis cíclicas y reformas incompletas. Todo ello ha moldeado un presente en el que la subsistencia parece depender más de la inventiva individual, de la diáspora o exilio, y de los resquicios que deja el control estatal, y no de un verdadero proyecto de desarrollo sostenible.

La mirada sobre estos seis siglos permite no solo comprender el presente, sino también vislumbrar los desafíos y oportunidades que enfrentará la isla si decide reconstruirse desde sus propias ruinas.

1.  El periodo español (1510-1762) fue cuando España controló Cuba como provincia (para algunos), o cuando Cuba fue española —que es la verdad que prefiero—, hasta que los ingleses tomaron La Habana por menos de un año.

Durante este extenso periodo, la isla fue moldeada por la lógica extractiva de la metrópoli, orientándose hacia la producción de azúcar, tabaco y otros cultivos de exportación.

Las estructuras políticas, sociales y económicas se diseñaron para servir a los intereses *coloniales*, marginando a la población local y fomentando una economía dependiente de la mano de obra esclava y de las fluctuaciones del comercio internacional dictadas desde España.

La presencia peninsular dejó una profunda huella en la identidad cubana, desde la configuración urbana de sus ciudades hasta la estratificación social; sentó las bases de las futuras tensiones entre la búsqueda de autonomía y la inercia de la dependencia.

En 1762, la inesperada toma de La Habana por los ingleses evidenció la vulnerabilidad de la peninsularidad sobre la insularidad y abrió brevemente una ventana a nuevas influencias y circuitos comerciales, aunque el dominio español sería restaurado poco después.

2. El resto del momento como provincia española (1763-1898), desde la devolución de La Habana a España, recuperación lograda por España, hasta la intervención militar y humanitaria de Estados Unidos.

Este periodo, que se extiende desde la restitución de La Habana a manos españolas en 1763 hasta la ruptura definitiva con la metrópoli en 1898, representa una etapa de profundas transformaciones y contradicciones.

Tras la breve ocupación inglesa, España implementó reformas administrativas y económicas que buscaban reforzar su control sobre la isla y maximizar los beneficios coloniales, al tiempo que respondía a las presiones internacionales y a las amenazas de potencias extranjeras.

La economía cubana se aceleró de manera inédita gracias al auge azucarero, impulsado por la demanda mundial y la llegada masiva de esclavos africanos para suplir la mano de obra en los ingenios.

Al calor del crecimiento azucarero surgió una élite criolla económicamente poderosa, pero privada de derechos políticos, lo que sembró las semillas de un nacionalismo incipiente. Mientras tanto, la estructura social se volvió más polarizada: un pequeño grupo de grandes propietarios, una masa creciente de esclavizados y trabajadores libres precarizados, y la presencia de migrantes y comerciantes extranjeros que aportaron nuevas dinámicas a la vida insular.

Las décadas del siglo XIX estuvieron marcadas por el surgimiento de movimientos reformistas y autonomistas, la represión violenta por parte del Gobierno central y, sobre todo, por las guerras de independencia (la Guerra de los Diez Años, la Guerra Chiquita y la Guerra Necesaria) que desgastaron la economía y fracturaron la sociedad. España, reacia a perder su provincia más valiosa, se aferró a la represión, las concesiones tardías y el inmovilismo administrativo, prolongando la agonía de un orden que ya era insostenible.

Al final de este largo ciclo, la guerra hispano-cubano-norteamericana selló el destino colonial de la isla. La intervención militar y humanitaria de Estados Unidos en 1898 supuso el colapso del dominio peninsular y la entrada de Cuba en una nueva era, no exenta de dependencias y desafíos. Este momento de transición dejó profundas cicatrices y abrió el camino a las contradicciones no resueltas desde el inicio de la república, que pronto se manifestarían a partir de 1902.

3. El momento de la intervención estadounidense (1899-1902).

Tras el colapso de la presencia española, Cuba, todavía España, vivió una breve pero crucial etapa bajo la ocupación estadounidense. No obstante, entre 1899 y 1902, la isla se convirtió en un protectorado de facto gestionado por Washington, cuyas autoridades militares asumieron el reto de reorganizar las instituciones, establecer nuevas leyes y fomentar una aparente modernización económica y administrativa.

Si bien se abolieron formalmente los remanentes del sistema colonial y se introdujeron ciertas reformas, el trasfondo de esta intervención estuvo marcado por la imposición de intereses externos: la Enmienda Platt, por ejemplo, dejó atada la soberanía cubana a la voluntad estadounidense, condicionando la política y la economía insular durante décadas.

La ocupación reorganizó la propiedad de la tierra y estimuló la penetración de capitales extranjeros, principalmente estadounidenses, en sectores estratégicos como la remodernización de la industria azucarera, el tabaco y los ferrocarriles.

A pesar de los discursos sobre independencia y progreso, buena parte de la población contempló inerme cómo las antiguas relaciones de dependencia mutaban de amo, pero conservaban su lógica de subordinación. El anhelo de autonomía, apenas conquistado tras la guerra, se vio así pospuesto por nuevas formas de tutela, que configurarían el horizonte político y económico de la joven república.

4. El momento republicano, en el que Cuba alcanza y sostiene su independencia (desde el 20 de mayo de 1902 hasta el 1 de enero de 1959, en que triunfa —no fue realmente un triunfo para Cuba— la mal llamada Revolución Cubana).

Este periodo, inaugurado formalmente el 20 de mayo de 1902 con el alzamiento de la bandera cubana en el Palacio de los Capitanes Generales, estuvo marcado por la paradoja de una independencia proclamada pero siempre condicionada.

Aunque se estableció la república y se promulgó una constitución moderna (1902), la soberanía nacional siguió limitada por la vigencia de la Enmienda Platt, herramienta jurídica que autorizaba la injerencia militar, política y económica de Estados

Unidos en los asuntos internos de la isla. De tal modo, la joven nación nació bajo el tutelaje de una potencia extranjera, y la autonomía plena fue más aspiración que realidad durante los primeros decenios.

A pesar de estas restricciones, la república conoció avances notables en materia de institucionalidad, infraestructura y vida urbana. Se impulsaron proyectos educativos, sanitarios y de modernización que, aunque desiguales y muchas veces cooptados por intereses particulares, transformaron el paisaje cubano y fomentaron el surgimiento de una clase media urbana y de una intelectualidad comprometida con la identidad nacional. Grandes ciudades como La Habana y Santiago de Cuba florecieron como centros cosmopolitas, sedes de una vibrante vida cultural y política, a la vez que símbolos de las contradicciones sociales de la época.

La economía siguió anclada al monocultivo azucarero y a la dependencia de los mercados y capitales estadounidenses, situación que perpetuó la vulnerabilidad estructural de Cuba ante las crisis de precios internacionales y las presiones del norte.

El control foráneo sobre las principales industrias —azúcar, tabaco, servicios públicos, ferrocarriles, banca— mantuvo la economía en una posición subalterna y alimentó el descontento de amplios sectores sociales. En el campo persistió la concentración de la tierra, la miseria rural y la migración interna hacia las urbes, donde se acentuaron tanto la riqueza ostentosa de la élite como la precariedad de los barrios marginales.

En el plano político, la república fue escenario de inestabilidad, fraudes electorales, cuartelazos y dictaduras de distinto signo. La figura de Gerardo Machado en los años veinte y treinta y más tarde los Gobiernos de Fulgencio Batista —primero como gobernante *de facto*, luego como presidente constitucional, y finalmente como caudillo tras el golpe de 1952, aunque pocos años— ilustran la fragilidad institucional y la dificultad recurrente para consolidar regímenes democráticos estables. Las esperanzas de reformas profundas, como las impulsadas por el movimiento del 30 y la Constitución de 1940, se vieron frustradas por la corrupción, el clientelismo político y la represión.

La vida cultural, sin embargo, conoció un esplendor sin precedente; la literatura, la música, el cine y la prensa cubanas alcanzaron resonancia internacional, y la pregunta por la identidad nacional se hizo eje del debate intelectual. El país presenció también la emergencia de movimientos sociales, sindicales y estudiantiles que, inspirados por ideales de justicia social y soberanía, jugaron un papel clave en la gestación de nuevas corrientes de pensamiento y acción.

Hacia finales de los años cincuenta, el agotamiento de un sistema político corrupto y la creciente desigualdad social abrieron el camino a opciones de ruptura. El descontento popular, canalizado por grupos insurgentes, encontró su culminación en el alzamiento revolucionario encabezado por Fidel Castro, cuyas fuerzas derrocaron mediante el sostén del Gobierno de Estados Unidos a Fulgencio Batista y Zaldívar el 1 de enero de 1959, quien ya se iba, pues había celebrado elecciones en diciembre de 1958, y había sido electo presidente Andrés Rivero Agüero.

No obstante, el triunfo revolucionario —lejos de significar una victoria plena para la emancipación nacional, como se prometía en los discursos— inauguró un ciclo de nuevas dependencias y autoritarismos que pondrían en cuestión los logros y aspiraciones de la etapa republicana.

Así concluyó un capítulo de la historia cubana caracterizado por la modernización desigual, la lucha constante por la soberanía y la persistente tensión entre los sueños de libertad y las cadenas de la dependencia.

5. El momento 1959-1989, en el que se definieron e impusieron condiciones para la decadencia socialista de Cuba y su integración forzada al CAME.

El triunfo de la Revolución Cubana en 1959 marcó el inicio de una etapa radicalmente distinta para la isla: la promesa de emancipación nacional y justicia social pronto se tradujo en una centralización absoluta del poder y en la instauración de un modelo socialista de corte soviético. La expropiación masiva de tierras, industrias y comercios, junto con la supresión de partidos políticos y el control férreo sobre los medios de comunicación y la vida civil, transformaron de raíz la estructura social, económica y cultural de Cuba.

El discurso oficial celebraba la soberanía recuperada y los avances en salud, educación y deportes, proyectando una imagen de progreso igualitario; sin embargo, la realidad cotidiana se vio marcada por el sacrificio y la escasez.

El autoaislamiento internacional, primero frente a Estados Unidos y posteriormente ante gran parte del hemisferio occidental, empujó a Cuba hacia los brazos del bloque socialista.

Desde la adhesión al Consejo de Ayuda Mutua Económica (CAME) en 1972, la economía cubana quedó atada a las directrices y dependencias del campo soviético. La producción azucarera, otra vez elevada a columna vertebral nacional, fue condicionada por acuerdos preferenciales, pero también por metas desmesuradas y descuidos en la diversificación productiva. Los subsidios provenientes de Moscú, generosos en petróleo, maquinaria y asesoría técnica, sostenían un fantasioso bienestar, al tiempo que afianzaban nuevas formas de dependencia. La élite castrista empezó a hacerse repentinamente acomodada y sumamente rica.

La vida cotidiana del pueblo durante estas décadas se amoldó a los ritmos del socialismo real: libreta de racionamiento, trabajos voluntarios, vigilancia de los Comités de Defensa de la Revolución y un discurso triunfalista que ocultaba las grietas de la insatisfacción social.

El Estado, omnipresente y paternalista, sustituyó el impulso individual y las iniciativas privadas por la disciplina ideológica y la obediencia, ahogando la creatividad y el disenso. La emigración masiva —primero en los años sesenta, luego con la crisis del Mariel en 1980— se volvió uno de los síntomas más visibles del desencanto popular.

A nivel internacional, la inserción cubana en las luchas de África o América Latina, y el protagonismo diplomático de la Revolución, contrastaron con la creciente debilidad estructural de la economía interna. Para finales de los ochenta, la caída de los precios internacionales, el agotamiento de los subsidios y el incipiente colapso soviético presagiaban la inminencia de una crisis de grandes proporciones.

Como resultado, el periodo 1959-1989, lejos de consolidar una autonomía plena o una prosperidad sostenida, sentó las bases para la posterior debacle económica y social que definiría el destino cubano en la última década del siglo XX.

6. El momento 1990-1998, de intensa recesión económica y falsas promesas maquilladas de reformas estructurales que no condujeron a nada, como no fuera a más muertes, más fusilamientos y pobreza real, económica y espiritual.

El periodo comprendido entre 1990 y 1998, conocido como el «Periodo Especial», marcó una de las etapas más sombrías y desoladoras en la historia contemporánea de Cuba. El desmoronamiento del bloque socialista europeo y, particularmente, la desaparición de la Unión Soviética en 1991, provocaron el colapso abrupto de los flujos de subsidios, créditos y comercio preferencial que desde hacía décadas sostenían la economía cubana. La isla quedó entonces a la deriva, privada de aliados estratégicos y obligada a confrontar la magnitud de sus propias vulnerabilidades estructurales.

Las consecuencias fueron inmediatas y devastadoras. La economía cayó en picado: el PIB se redujo en más de un tercio, el transporte público se paralizó por la escasez de combustible y las ciudades se sumieron en apagones que duraban horas o días.

La libreta o carta de racionamiento se volvió símbolo no de equidad sino de privación cotidiana, mientras la dieta popular se reducía a mínimos insalubres. Se multiplicaron las enfermedades asociadas a la desnutrición, la precariedad médica se hizo patente y la desesperanza se filtró en todos los ámbitos de la vida social.

El régimen, enfrentado a la amenaza de una desobediencia generalizada, recurrió tanto a la represión brutal contra la oposición como a medidas de apertura controlada. Se autorizaron legalmente las remesas familiares, el dólar circuló junto al peso, surgieron los primeros negocios privados y se permitió una tímida inversión extranjera, especialmente en el turismo.

Sin embargo, estas reformas resultaron cosméticas y selectivas: la estructura centralizada del poder no fue desmontada y los beneficios económicos se repartieron de modo desigual, alimentando nuevas divisiones y resentimientos. La población, urgida por la supervivencia, recurrió al ingenio —«resolver» se volvió verbo nacional de subsistencia— y al éxodo como vía de escape. El fenómeno de las balsas, con miles de personas lanzándose al mar en busca de un futuro incierto, se convirtió en imagen icónica de la década.

7. El momento 1999-2004, de un imperceptible crecimiento económico debido a un turismo emergente y desigual, sin conseguir los niveles del PIB por habitante requeridos ni que se volviera a repetir nada parecido a la época española o republicana.

Durante el periodo 1999-2004, Cuba navegó por aguas especialmente turbias, intentando recuperarse de las ruinas del Periodo Especial sin lograr un despegue real. El crecimiento económico fue apenas perceptible y, aunque el turismo emergió como uno de los sectores dinamizadores, sus frutos se distribuyeron de manera desigual, profundizando las diferencias sociales y regionales. La entrada de capital extranjero en los polos turísticos de sol y playa impulsó enclaves de prosperidad aparente, pero dejó a vastas zonas del país sumidas en la precariedad y la desatención estatal.

Afianzados los métodos de ganancias de entrenamiento de grupos terroristas en la isla, el régimen recurrió de forma definitiva al narcotráfico; métodos de los que solamente fueron beneficiados la élite y su entorno.

El PIB per cápita nunca remontó a los niveles previos a la caída soviética, y la estructura económica permaneció anclada en la dependencia de mercados volátiles y en la falta de diversificación productiva. La economía cubana, lejos de reinventarse, subsistió a base de parches: remesas, inversiones extranjeras selectivas y un turismo que, aunque prometedor en cifras, no generó un desarrollo endógeno ni integrador.

Las reformas estructurales prometidas por la dirigencia socialcomunista, anunciadas como una respuesta pragmática a la crisis, terminaron siendo tímidas y reversibles. El sector privado apenas sobrevivía bajo la vigilancia estatal, la agricultura seguía atada a viejos esquemas centralizados y la industria nacional languidecía frente a la falta de inversiones y tecnología.

Los años 1999 a 2004 representan un paréntesis de expectativas frustradas, donde la posibilidad de un renacimiento económico se esfumó ante la incapacidad —o falta de voluntad— de transformar el modelo vigente.

El vago recuerdo de épocas de bonanza, ya fuera bajo el dominio español o durante la república, se convirtió en un eco demasiado lejano, inalcanzable bajo las nuevas condiciones. De tal manera, la economía cubana transitó aquellos años como un cuerpo sin aliento propio, sostenido por apoyos externos y el aguante suprahumano de su gente, pero sin conseguir ni la prosperidad sostenible ni el bienestar generalizado que tanto se le prometió al pueblo cubano.

Sostendré un pensamiento arriesgado, pero sin temor a equivocarme: la capacidad de libertad individual depende estrictamente de la libertad económica, de los niveles de producción y exportaciones del país que se alcancen sin un Estado basado en una ideología como respaldo, debido a lo que la disponibilidad de divisas deberá reconstituirse desde el principal soporte decisivo y particular de una autoeconomía de esfuerzo muy personal, desdeñando por completo el colectivismo ideológico de izquierdas, de a porfía que tantos males ha traído. La dictadura del proletariado devino la peor de las tiranías.

En ciertos puntos de la historia de Cuba el peso y los precios del azúcar exportado fueron los principales y únicos ingresos de la isla, ese mercado lo fundieron los mandamases estatales; el turismo ha decaído a niveles menores que cero, no existe calidad estatal, las remesas familiares y las ventas externas —bastante fluctuantes— de níquel sostienen mal que bien lo que queda de un país llagado obediente de un estado fallido.

Cuba vive de las importaciones, su crecimiento económico es nulo y exige una enormidad de adquisiciones exteriores de materias primas, materiales, combustibles, energéticos y alimentos (que es la última prioridad del Estado dominante, dictador).

El crecimiento individual priorizado y la diversificación de las negociaciones independientes pudieran ser una vía adecuada y sostenible para volver a echar a andar la ambición de crecimiento de todo un pueblo y del país. Eso el presidente Donald Trump probablemente lo haya avizorado.

El problema del periodo actual basa sus formulaciones en estrategias erráticas del socialismo, que ahí donde se ha implantado no ha crecido ni la yerba. No hay que profundizar demasiado para darnos cuenta de que inclusive intentando reformas institucionales en el campo monetario, las que se iniciaron en el lejano 2004, el Estado castrocomunista no ha hecho más que hundirse hasta hoy.

Será difícil concentrar tanto en tan poco, la brevedad no va con los cubanos, aunque lo intentaré.

En el libro *Cuba: economía y sociedad*, su autor, el historiador y economista cubano Leví Marrero, empieza diciendo lo siguiente:

> Cuba es, geográficamente, un país de proporciones medianas que volcado históricamente hacia un destino de grandeza ha desbordado durante siglos, en una desproporción dramática, su limitado ámbito insular. Sus cortos y polémicos periodos de bienestar y sus grandes conmociones han sobrevenido en forma aparentemente súbita, como producto de la violencia exterior o interna. Un pueblo extrovertido y alegre, y como tal, reconocido en su música y en su ser aparente, se ha visto negado a una historia feliz, fortuna ilusa de los pueblos mediocres, si es que alguno existe.
>
> Intentar la reconstrucción del acontecer histórico cubano, aun limitándonos a los aspectos económicos y sociales, no es tarea cómoda ni propicia a la actividad de un individuo aislado, por muy asistido que se encuentre de predecesores ilustrados y de contemporáneos prestos a la colaboración generosa. Pero intentamos realizarla —lo estamos intentando desde hace más de treinta años—, en lo que esperamos sea ahora un esfuerzo sostenido que culminaría nuestra modesta vida de estudioso…

Estoy básicamente de acuerdo, debido a lo cual añadiría que se debiera enfatizar más ahora el carácter exitoso del cubano en la economía, en el pasado, y en el exilio, además de profundizar en el supuesto caos que al mismo tiempo ese triunfo generó —según sus críticos—, y que yo, desde mi humilde posición, intentaré también aportar algo al «esfuerzo sostenido» de mis «predecesores».

Fue la monarquía de la España imperial quien se dio y nos dio el primer triunfo, me sumo a las citaciones:

> La presencia histórica de Cuba habría de iniciarse para el mundo occidental entre las lumbres imprecisas traídas por un sol que comenzaba a alzarse sobre las costas nororientales de la isla el 28 de octubre de 1492. Escribano mayor en la apertura del nuevo capítulo de la ya larga evolución de aquella tierra de altos bosques y frescos ríos, sería una de las figuras más desconcertantes que haya producido la humanidad: Cristóbal Colón, ante quien, según su escribidor alucinado, debía avanzar el anhelado continente tras el cual andaba, en dirección contraria, movido por una fe inconmovible mecida entre la verdad y la fábula…

A Colón debemos el acto de descubrir, pero a Isabel la Católica le debemos el acto de fundar mediante el navegante. Isabel I de Castilla (Madrigal de las Altas Torres, 22 de abril de 1451-Medina del Campo, 26 de noviembre de 1504) fue reina de Castilla desde 1474 hasta 1504, reina consorte de Sicilia desde 1469 y de Aragón desde 1479, por su matrimonio con Fernando de Aragón. También ejerció como señora de Vizcaya. Se la conoce como Isabel la Católica, título que le fue otorgado a ella y a su marido por el papa Alejandro VI mediante la bula *Si Convenit*, el 19 de diciembre de 1496. Es por lo que se conoce al matrimonio real con el nombre de Reyes Católicos, título que usarían en adelante prácticamente todos los reyes de España.

Nadie puede negar la significación del imperio español en el mundo, de la reina Isabel la Católica y su impacto tan majestuoso y positivo en el Nuevo Mundo. La leyenda negra contra España ha deseado borrar ese indudable hecho grandioso de nuestra historia. Es imposible, pero también es verdad que, de aquella Europa de los reinados y los imperios, solo queda un rastro débil; por no decir rastrojo.

# GUERRAS, ECONOMÍA, LA PARTICULARIDAD CUBANA
## 1800-2025

## CUBA PROVINCIA DE ESPAÑA (MONARQUÍA) 1800-1868

Durante el periodo de 1800 a 1868, Cuba experimentó una transformación profunda bajo la presencia de la monarquía española, consolidándose como provincia ultramarina y pieza estratégica del imperio en el Caribe. Políticamente, la estructura de gobierno respondía a los intereses metropolitanos: un capitán general designado por la corona ostentaba el poder absoluto, subordinando a su autoridad tanto las instancias civiles como militares, lo que limitaba la autonomía local y la participación de la sociedad criolla en los asuntos públicos. El aparato estatal, conformado por audiencias, cabildos y corregidores, funcionaba más como brazo ejecutor de Madrid que como representación de los intereses de la población insular.

En el ámbito social, la sociedad cubana estaba marcada por una rígida estratificación. En la cúspide se hallaban los grandes hacendados, españoles peninsulares y criollos, dueños de extensos ingenios azucareros que sustentaban la economía isleña. Les seguían comerciantes, profesionales y una pequeña pero influyente burguesía urbana. En la base de la pirámide social estaban las personas esclavizadas —cuyo número sobrepasaba el medio millón a mediados de siglo—, los jornaleros libres y las crecientes comunidades de personas libres de color, cuya movilidad social, aunque limitada, era un reflejo de las contradicciones internas del régimen colonial. Las ciudades crecen y surgen espacios de sociabilidad: sociedades literarias, liceos, clubes y logias masónicas, que poco a poco van conformando una incipiente sociedad civil y generando discursos de modernidad, progreso y autonomía.

Económicamente, Cuba vivió una auténtica revolución azucarera, favorecida por la demanda internacional, la introducción de la maquinaria de vapor y el comercio con Estados Unidos y Europa. La abolición de la trata transatlántica en 1820 no significó el fin inmediato del tráfico de personas esclavizadas, pero sí inició un proceso paulatino de reajustes en la estructura productiva y la composición demográfica. El auge azucarero trajo consigo prosperidad para la élite, el desarrollo de infraestructuras —ferrocarriles, puertos, caminos— y la consolidación de La Habana como capital económica y cultural del Caribe. Sin embargo, esta bonanza acentuó la dependencia externa y las desigualdades, sembrando el germen de futuras crisis.

Culturalmente, el periodo se caracteriza por una búsqueda de identidad: surgen periódicos, tertulias, academias y, hacia mediados de siglo, una literatura propia que explora el sentido del ser cubano. La mezcla de influencias españolas, africanas y caribeñas da lugar a expresiones musicales, artísticas y religiosas únicas, que florecen a pesar de la censura y el control de la metrópoli.

La transición hacia la rebelión independentista estuvo marcada por contradicciones crecientes: el reformismo criollo frente al inmovilismo peninsular; el auge de movimientos abolicionistas y autonomistas; la represión de conspiraciones como la de la Escalera (1844); el impacto de la Guerra de Independencia de Estados Unidos y los ecos revolucionarios de

Hispanoamérica. La incapacidad de la monarquía para conceder reformas sustanciales, junto con el cansancio ante la opresión y la desigualdad, desembocó en el alzamiento de 1868 conocido como el Grito de Yara, punto de partida de las guerras de independencia y del ciclo de profundas transformaciones que definirían la Cuba moderna.

De tal modo, la Cuba provincia de España (1800-1868) fue escenario de prosperidad para el país y de profundas tensiones sociales y culturales, preludio inevitable de la lucha por la independencia, el autogobierno y la búsqueda de un modelo propio de desarrollo y civilización.

## GUERRAS DE INDEPENDENCIA (REVOLUCIÓN INDEPENDENTISTA) 1868-1898

El periodo comprendido entre 1868 y 1898 marcó un giro decisivo en la historia cubana, pues la isla transitó de la condición de provincia ultramarina hacia la gestación de su identidad nacional a través de un largo y desgastante proceso revolucionario: las guerras de independencia.

Se inauguró este ciclo con el célebre Grito de Yara de Carlos Manuel de Céspedes, hacendado criollo que proclamó la liberación de sus personas esclavizadas y llamó a la insurrección, abriendo así la primera gran guerra independentista (1868-1878), conocida como la Guerra de los Diez Años.

En términos políticos, la revolución independentista de 1868 detonó el colapso paulatino del régimen colonial. Surgieron gobiernos en armas y asambleas constituyentes en el exilio o en la manigua, como la Constitución de Guáimaro (1869), que prefiguró una república democrática y abolió la esclavitud en territorio liberado. Sin embargo, la fragmentación interna, los caudillismos, la pugna entre civiles y militares y la presión constante del ejército español limitaron la eficacia de estos gobiernos provisionales.

El Estado español, aunque debilitado, respondió con dureza, afianzando la represión, la censura y la centralización del poder, mientras los sectores autonomistas y reformistas intentaban, sin éxito, negociar espacios de autogobierno dentro del marco imperial.

Socialmente, las guerras de independencia catalizaron una transformación profunda en las relaciones y jerarquías insulares. El llamado a la lucha armada integró, en un mismo bando, a antiguos hacendados, campesinos, personas libres de color y mulatos, así como a personas anteriormente esclavizadas, quienes encontraron en la revolución una vía hacia la ciudadanía y la emancipación plena.

La abolición de la esclavitud, primero parcial (Pacto del Zanjón, 1878) y luego total (1886), fue resultado directo del conflicto armado y de la presión internacional, en especial británica. Las mujeres desempeñaron roles activos: como mambisas, enfermeras, mensajeras o protectoras de la causa, asumieron un protagonismo social y simbólico que desafió los cánones coloniales de género.

En el plano económico, la prolongada guerra devastó la infraestructura agrícola, en particular los ingenios azucareros del oriente y el centro de la isla, provocando una caída de la producción y el empobrecimiento de amplios sectores. A esto se sumó el éxodo de capitales y la migración de familias enteras hacia el exterior o hacia zonas urbanas bajo control español. Sin embargo, el occidente de Cuba experimentó un auge relativo, beneficiado por las inversiones extranjeras —sobre todo estadounidenses— y la mecanización de la industria azucarera. Comenzó así la consolidación de una economía dual: una región oriental devastada y politizada, y un occidente más próspero pero cada vez más dependiente del capital foráneo.

En el plano cultural, la lucha independentista consolidó la identidad nacional cubana. La literatura patriótica, la poesía épica y las canciones populares se convirtieron en vehículos de la memoria colectiva y del imaginario republicano. Figuras como José Martí, apóstol de la independencia y fundador del Partido Revolucionario Cubano, tejieron discursos de nación y ciudadanía que trascienden lo meramente político para convertirse en proyectos éticos y civilizatorios. La prensa revolucionaria, los clubes patrióticos en el exilio y las redes de apoyo internacional —particularmente en Estados Unidos, República Dominicana y Venezuela— nutrieron la causa y fomentaron un sentimiento de solidaridad latinoamericana.

El factor externo fue decisivo en la fase final de la contienda. La intervención militar de Estados Unidos en 1898, motivada por intereses económicos y estratégicos, así como por la explosión del acorazado Maine en la bahía de La Habana, precipitó la derrota definitiva del poder peninsular español. La guerra hispano-cubano-norteamericana, aunque breve, selló el destino colonial de la isla y marcó el inicio de una nueva etapa dominada por la tutela estadounidense, la ocupación militar y la imposición de condicionantes a la soberanía cubana. El desenlace, lejos de significar una independencia plena, abrió interrogantes sobre el futuro del Estado, la autonomía real y la construcción de una sociedad moderna, democrática y equitativa.

Las guerras de independencia de 1868 a 1898 representan, entonces, el laboratorio donde se forjaron las contradicciones fundacionales de Cuba: entre inclusión y exclusión, autonomía y dependencia, modernidad y tradición. Constituyen la génesis del discurso nacional y el preludio inevitable de las tensiones que definirían el siglo xx cubano.

## CUBA REPUBLICANA (1901-1959)

A partir de 1901, tras la retirada formal del dominio colonial español y la instauración de la ocupación estadounidense, Cuba entró en una nueva etapa histórica marcada por el nacimiento de la república. Sin embargo, esta república fue fundada bajo la sombra de la Enmienda Platt, un apéndice constitucional impuesto por Estados Unidos que condicionaba la soberanía cubana a la intervención militar norteamericana y aseguraba intereses económicos y estratégicos extranjeros en la isla.

## TRANSICIÓN POLÍTICA: DE LA TUTELA EXTRANJERA A LA REPÚBLICA FORMAL

El Estado cubano se constituyó, en principio, como una república presidencialista de libre mercado, aunque con una débil autonomía real ante la influencia de Washington. La Constitución de 1901 estableció los cimientos de un sistema político basado en la separación de poderes, aunque la práctica política se vio rápidamente distorsionada por el caudillismo, la corrupción y la injerencia externa. Si bien el país se fue dotando de instituciones republicanas —Parlamento, poder judicial, partidos políticos, municipios y provincias—, la democracia resultó frágil y vulnerable ante golpes de Estado, presidencias prolongadas y fraudes electorales.

Partidos como el Liberal, el Conservador, y posteriormente el Auténtico y el Ortodoxo redefinieron el espectro político, mientras que la sociedad civil se articuló en torno a clubes, liceos, sindicatos y periódicos, que sirvieron tanto como espacios de sociabilidad como de resistencia y participación política. La población se involucró en debates sobre el rumbo nacional, aunque la exclusión de sectores rurales, afrodescendientes y mujeres fue una constante hasta las reformas sociales y constitucionales de mediados de siglo.

## ESTRUCTURA SOCIAL, CIVIL Y CULTURAL

Durante la república, la sociedad cubana vivió transformaciones profundas. El crecimiento urbano, especialmente en La Habana, impulsó la expansión de una clase media profesional y de una intelectualidad cosmopolita que aportó a la cultura nacional desde la literatura, las artes plásticas y la música. Los liceos y clubes sociales florecieron, así como las asociaciones mutualistas y las cooperativas, que canalizaron demandas de bienestar, educación y movilidad social. Al mismo tiempo, la estructura social permaneció estratificada: la oligarquía terrateniente y azucarera mantuvo su poder, mientras que una masa de trabajadores rurales y urbanos, muchos de ellos inmigrantes españoles y haitianos, enfrentó condiciones de vida precarias y frecuentes periodos de desempleo.

El sindicalismo adquirió fuerza en las décadas de 1930 y 1940, con figuras como Alfredo Zayas y Antonio Guiteras impulsando reivindicaciones laborales y reformas sociales. La fundación de la Central de Trabajadores de Cuba (CTC) marcó un hito en la articulación de la clase obrera. Las mujeres, aunque excluidas largamente de la política formal, participaron en movimientos sociales, educativos y feministas, logrando avances como el derecho al voto en 1934.

Economía y desarrollo: prosperidad relativa
y dependencia

Económicamente, la república se sustentó en la agroindustria azucarera y, en menor medida, en el tabaco, el café y la minería (industria clave en desarrollo). El capital estadounidense controló buena parte de los ingenios, los bancos y las infraestructuras clave (ferrocarriles, puertos, eléctricas), consolidando una economía de enclave orientada a la exportación y dependiente del mercado norteamericano. Esta estructura generó periodos de prosperidad —especialmente durante la Primera Guerra Mundial y los «años locos» de la década de 1920—, pero también profundizó las desigualdades regionales y sociales. El campo cubano fue escenario de pobreza crónica, migraciones internas y tensiones sociales, mientras que las ciudades, en especial La Habana, experimentaron un auge cultural y turístico, con la proliferación de casinos, cabarets y hoteles de lujo que atrajeron inversión extranjera.

Las crisis del azúcar (1920-1921, 1930 y 1952) evidenciaron la fragilidad de la economía cubana, generando descontento social y protestas. A pesar de algunos intentos de diversificación y reforma agraria, la concentración de la tierra y la dependencia del monocultivo persistieron. Paralelamente, la cultura cubana alcanzó reconocimiento internacional gracias al auge del son, el mambo, la rumba y figuras como Benny Moré y Lydia Cabrera.

CRISIS POLÍTICA Y AUGE DEL AUTORITARISMO

La inestabilidad política caracterizó buena parte de la república, con episodios de violencia, golpes de Estado y gobiernos autoritarios, como la dictadura de Gerardo Machado (1925-1933), derrocada tras una amplia movilización social y una huelga general. La Constitución de 1940, considerada una de las más avanzadas de Iberoamérica, incorporó derechos sociales, laborales y políticos, y preveía la autonomía universitaria, la igualdad legal y la protección de los sindicatos. Sin embargo, las promesas de la nueva Constitución pronto se vieron eclipsadas por el regreso del autoritarismo: en 1952, Fulgencio Batista protagonizó un golpe militar (deseado por la mayoría del pueblo) que instauró un caudillismo controlador y represivo en respuesta al terrorismo, cancelando ciertas libertades públicas y profundizando la crisis de legitimidad de las instituciones republicanas, pero en 1953, y en 1958, devolvió la constitucionalidad mediante elecciones.

CONTEXTO INTERNACIONAL Y FACTORES DE CAMBIO

El contexto internacional influyó de manera decisiva en la evolución de la república. La política del «buen vecino» de Estados

Unidos, los vaivenes del mercado mundial del azúcar, la Segunda Guerra Mundial y la Guerra Fría marcaron la agenda política y económica de la isla. La presencia estadounidense fue constante, tanto en forma de inversiones como de intervenciones diplomáticas y militares, mientras que las movilizaciones populares y la emergencia de nuevas generaciones políticas — como la liderada por Eduardo Chibás y el Movimiento 26 de Julio de Fidel Castro— configuraron el clima de cambio.

## HACIA LA REVOLUCIÓN: CRISIS Y DESENLACE

La creciente corrupción, el autoritarismo necesario de Batista, la frustración de las clases medias y populares ante un cierto desequilibrio y la falta de opciones catalizaron la insurrección armada de 1953-1959. El asalto al cuartel Moncada, los meses de lucha guerrillera en la Sierra Maestra y el apoyo social a la causa revolucionaria, el embargo de armamento al Ejército de Cuba y la imposición de Estados Unidos derivaron en el colapso del régimen y la salida de Batista el 1 de enero de 1959 —quien, como expliqué antes, ya había terminado su mandato tras un proceso electoral—.

El triunfo revolucionario abrió un nuevo capítulo para la isla: la proclamación de la república socialista, la nacionalización de la economía y la ruptura definitiva con el modelo republicano liberal. Finalmente, o «en un final», que diría el bolero: totalitarismo a pulso.

La Cuba Republicana, entre 1901 y 1959, fue un periodo de luces y sombras: modernización y dependencia, avances sociales y exclusión, democracia formal y cierto autoritarismo. Su desenlace, marcado por la revolución, fue la antesala de una nueva era definida por la búsqueda de un modelo alternativo de desarrollo, soberanía y, la frasecita tramposa, justicia social.

# CUBA SOCIALISTA COMUNISTA (1959-ACTUALIDAD)

Con el triunfo de la revolución en 1959, Cuba transitó hacia un modelo socialista bajo el liderazgo de Fidel Castro, rompiendo con la influencia estadounidense y emprendiendo transformaciones radicales. Se nacionalizaron sectores estratégicos, incluyendo bancos, industrias y propiedades agrícolas, suprimiendo la economía privada a gran escala y estableciendo un sistema centralmente planificado. La reforma agraria redistribuyó la tierra, mientras la salud y la educación se universalizaron y se convirtieron en estandartes del nuevo régimen, alcanzando estándares reconocidos internacionalmente.

Durante la década de 1960 y buena parte de la de 1970, la economía cubana se mantuvo gracias al apoyo de la Unión Soviética, especialmente con la venta preferencial de azúcar y la entrada de recursos estratégicos. El régimen, enfrentado permanentemente al embargo económico estadounidense, adoptó políticas de autosuficiencia, pero la dependencia del bloque socialista fue notoria. Políticamente, el Estado concentró el poder y restringió el pluralismo, suprimiendo la oposición y consolidando un partido único.

El desmoronamiento soviético en 1991 sumió a la isla en el llamado «Periodo Especial», caracterizado por una crisis económica aguda: escasez de alimentos, apagones, caída del PIB y migración masiva. El Gobierno optó por ciertas reformas tácticas, como la apertura al turismo internacional, la legalización limitada del dólar y el surgimiento de pequeños emprendimientos privados. A pesar de la difícil coyuntura, el sistema socialista se mantuvo, reforzando la narrativa de resistencia frente a la presión externa.

En el siglo xxi, y en especial tras la retirada de Fidel Castro y el ascenso de nuevas figuras como Raúl Castro y Miguel Díaz-Canel, se impulsaron reformas económicas parciales, permitiendo la expansión tímida del sector privado y un mayor contacto con el exterior. No obstante, persisten los desafíos: baja productividad, migración de jóvenes, deterioro de la infraestructura y demandas sociales de apertura política. La sociedad cubana, marcada por décadas de control estatal y restricciones, enfrenta hoy el dilema entre continuidad y transformación, en un contexto de crisis global y endurecimiento del embargo por causas necesarias y estrictamente políticas en el camino hacia la libertad.

No obstante, la etapa socialista desde 1959 ha estado descrita por otros, los que no la viven, por logros en bienestar social; son los que ignoran también las severas limitaciones de derechos civiles y económicos, dependencia internacional y la constante tensión entre las aspiraciones de igualdad y las demandas de libertad y prosperidad, o sea, dictadura y de ahí a la tiranía.

MOVIMIENTOS DISIDENTES Y OPOSITORES EN CUBA

La historia reciente de Cuba está marcada por la confrontación constante entre el Estado, fuertemente centralizado y regido por un solo partido, y los movimientos que, desde la sociedad civil, han buscado abrir espacios de libertad política, derechos civiles y pluralismo. En este contexto, la disidencia ha tomado muchas formas: desde la acción cultural y la denuncia internacional hasta la organización de grupos cívicos que desafían abiertamente al régimen. Entre las figuras más emblemáticas de la oposición pacífica cubana destacan Ricardo Bofill, fundador del Comité Cubano Pro Derechos Humanos a mediados de los años 70 y Oswaldo Payá Sardiñas, quien encabezó uno de los movimientos más significativos y duraderos: el Movimiento Cristiano Liberación (MCL), impulsor del conocido Proyecto Varela, existente todavía, fundado el 8 de septiembre de 1988, cuyo líder actual es Eduardo Cardet, tras el asesinato de Oswaldo Payá por Raúl Castro.

## Contexto del disenso en Cuba

La política cubana desde 1959 se ha caracterizado por un férreo control estatal, la prohibición de partidos políticos alternativos y la supresión de la libre asociación. Las leyes de la isla prohíben explícitamente la creación de movimientos contrarios al socialismo y penalizan la disidencia con cárcel, represión y vigilancia constante. No obstante, a lo largo de las décadas han surgido grupos y figuras que, enfrentando riesgos personales y familiares, han sostenido la bandera de la oposición pacífica y el reclamo de derechos básicos.

### El nacimiento de la disidencia organizada

Si bien desde las primeras décadas de la revolución existieron voces críticas —muchas de las cuales emigraron, fueron silenciadas o encarceladas—, fue en los años 60 y 70, sobre todo, en los 90 tras la caída del bloque soviético, cuando la sociedad civil comenzó a organizarse de manera más visible. El «Periodo Especial» trajo una crisis económica y social sin precedentes y, con ello, una apertura limitada que permitió a medias el surgimiento de proyectos independientes, ONG, publicaciones alternativas y grupos de defensa de los derechos humanos, perseguidas por la policía política.

### Oswaldo Payá y el Movimiento Cristiano Liberación

Oswaldo Payá Sardiñas (1952-2012) fue un ingeniero y activista católico de La Habana. En 1988 fundó el Movimiento Cristiano Liberación (MCL), una organización inspirada en los valores del cristianismo y la doctrina social de la Iglesia, cuyo propósito era promover un cambio democrático pacífico en Cuba, basado en la defensa de los derechos humanos, la justicia social y la reconciliación nacional.

El MCL apostó desde el comienzo por la acción no violenta, la recolección de firmas, el diálogo y el uso de los mecanismos legales existentes, aunque limitados, para impulsar reformas y cambios constitucionales.

## EL PROYECTO VARELA: UNA PROPUESTA CÍVICA

El Proyecto Varela, presentado oficialmente en el año 2002, fue la iniciativa más conocida y trascendental liderada por Payá y el MCL. Este proyecto consistía en ejercer el derecho, contemplado en la propia Constitución cubana, de presentar propuestas ciudadanas al Parlamento, siempre que fueran respaldadas por al menos 10.000 firmas.

El objetivo del Proyecto Varela era solicitar un referéndum para promover reformas legales como:

- Libertad de expresión y prensa.
- Derecho a la libre asociación y creación de partidos políticos.
- Libertad económica e iniciativa privada.
- Amnistía para presos políticos.
- Elecciones libres, transparentes y plurales.

El movimiento logró recolectar más de 11.000 firmas entregadas oficialmente a la Asamblea Nacional del Poder Popular. La respuesta del Gobierno fue modificar la Constitución para declarar el carácter irrevocable del socialismo, e instaurar penas más severas para quienes promovieran cambios de sistema. A la par, inició una ola de represión conocida como la Primavera Negra de 2003, en la que 75 disidentes, periodistas y defensores de derechos humanos —incluyendo miembros del MCL— fueron arrestados y condenados a largas penas de prisión.

El Proyecto Varela no logró sus objetivos inmediatos, pero sí puso a la disidencia cubana en el foco internacional. Diversas personalidades, Gobiernos y organizaciones de derechos humanos respaldaron la iniciativa; el propio Oswaldo Payá recibió el Premio Sájarov a la Libertad de Conciencia del Parlamento Europeo en 2002.

El Proyecto Varela demostró que existía una sociedad civil dispuesta a organizarse y a usar vías legales, pacíficas y participativas para demandar cambios. También reveló los límites del sistema cubano frente al disenso estructurado y la negativa tajante a abrir espacios políticos alternativos.

## La represión al disenso

La postura del régimen frente al MCL y otros movimientos fue, y sigue siendo, la criminalización y el hostigamiento. Las detenciones arbitrarias, la vigilancia, los despidos laborales, el acoso a familiares y la imposibilidad de realizar actividades públicas son parte del costoso precio que han pagado las y los disidentes. El propio Payá sufrió años de vigilancia, campañas de difamación, amenazas y finalmente una muerte en circunstancias nunca esclarecidas en 2012, en un accidente automovilístico que diversas voces internacionales calificaron de sospechoso y que aún genera reclamos de investigación independiente. Para numerosas personas que conocen cómo actúa ese régimen fue claramente un asesinato político donde también fue asesinado el joven católico Harold Cepero.

## El testamento de Payá y la disidencia contemporánea

La figura de Oswaldo Payá sigue siendo una referencia ética y política tanto para la oposición cubana como para las nuevas generaciones, y reside en su propio legado que es el Movimiento Cristiano Liberación.

Su hija, Rosa María Payá, ha continuado el activismo desde el exilio, impulsando la plataforma Cuba Decide, que promueve un plebiscito vinculante para decidir el futuro político de la isla y el diálogo incondicional con los asesinos de su padre.

Otros movimientos y figuras han surgido en la última década, diversificando los métodos y discursos:

- Brigada 2506, desde el exilio.
- Alpha 66, desde el exilio.
- La lucha del Escambray, dentro de Cuba durante siete años.
- Ricardo Bofill, fundador del Comité Cubano Pro Derechos Humanos, con la poeta Tania Díaz Castro, entre otros.
- Movimiento Criterio Alternativo (1991), la poeta María Elena Cruz Varela, el poeta Manuel Díaz Martínez, el escritor Manuel Granados, el periodista y ensayista Jorga A. Pomar (El Abicú Liberal).
- Dr. Óscar Elías Biscet, líder de la Fundación creada en Lawton, 1997, en La Habana, como una organización no gubernamental para promover el «estudio, defensa y denuncia de los derechos humanos dentro de Cuba».
- La Patria es de Todos (1997), de Marta Beatriz Roque Cabello, Vladimiro Roca, Félix Antonio Bonne Carcassés, René Gómez Manzano.
- Darsi Ferrer, activismo cívico y político.
- Guillermo Coco Fariñas Hernández, líder de FANTU.
- Partido Republicano de Cuba.
- Movimiento Republicano Libertario Martiano, creado por mí.
- La Unión Patriótica de Cuba (UNPACU): fundada por José Daniel Ferrer (ex MCL), con un activismo frontal y comunitario.

- El movimiento San Isidro: que combina arte y protesta política, especialmente relevante entre las personas jóvenes y del ámbito cultural.
- Periodistas independientes: como el poeta disidente Raúl Rivero, la periodista Tanía Quintero, fundaron Cuba Press (1995), entre otras plataformas como 14ymedio, impulsada por el Gobierno de Barack Obama y el socialismo internacional.

Sin embargo, el espacio para la oposición sigue siendo extremadamente limitado. Las marchas pacíficas, como las del 11 de julio de 2021, fueron reprimidas violentamente; el arresto y exilio forzado continúan como mecanismo de control. A pesar de ello, la disidencia cubana muestra una fuerza notable. Y los jóvenes opositores cada vez más numerosos, ligados a la Iglesia católica o evangelista, llevan a Dios dentro, como fe y protección divina.

CRÍTICAS, DESAFÍOS Y DIVISIONES

Como en cualquier movimiento plural, la oposición cubana también enfrenta desafíos internos: diferencias de estrategia, recursos escasos, infiltración, desconfianza y el peso del exilio, el real y el infiltrado. El control estatal sobre los medios y la economía limita la capacidad de organización y expresión dentro de la isla. El desinterés o miedo de gran parte de la población, ante la represión sistemática, también dificulta la movilización masiva.

Otra crítica recurrente es la dificultad de articular una propuesta política unitaria, con visión de futuro y viabilidad dentro del contexto cubano. Sin embargo, el legado de diálogo pacífico que apuesta por la legalidad y la participación ciudadana dejado por Payá sigue siendo inspiración para quienes buscan vías de cambio desde el respeto por los derechos humanos y la no violencia. Otros movimientos han surgido con otra visión más realista frente a la tiranía comunista que empezó con armas y no parece ansiar otra solución que no sea la violenta. Cabe destacar el CPGA (Consejo Para La Guerra Anticomunista), así como el MRLM (Movimiento Republicano Libertario Martiano).

La disidencia y oposición cubanas representan una de las expresiones más claras de la maduración de la sociedad civil en busca de libertades fundamentales. Su legado muestra que, incluso en contextos de cerrazón y represión, existen caminos de resistencia cívica y pacífica capaces de movilizar conciencias, denunciar abusos y proponer alternativas.

Hoy, el futuro de la oposición en Cuba sigue entre paréntesis abiertos: la pugna entre las demandas de libertad y la persistencia del régimen, las nuevas tecnologías, el contacto con el exilio y los retos de la sociedad, rebautizada como «global», mantendrán viva la lucha por una Cuba más abierta, plural, republicana y democrática. La historia de la oposición y del exilio es testimonio de que la búsqueda de la libertad y la justicia no puede ser silenciada indefinidamente. Un Núremberg del comunismo no se ha hecho nunca, debiera hacerse por fin en Cuba.

# ALGUNOS DATOS NECESARIOS DE LA CUBA REPUBLICANA

Desde los inicios del mal llamado «triunfo revolucionario» —que no fue más que un golpe de Estado en toda regla mediante revueltas muy bien seleccionadas, en 1959, tras la mal llamada «huida» del que ya era expresidente Fulgencio Batista y Zaldívar, pues se habían celebrado elecciones presidenciales en diciembre de 1958—, se organizó un progresivo y efectivo control gubernamental de los medios informativos y de comunicación, hecho que estuvo acompañado de una campaña propagandística sin precedentes en la historia del país.

Dicha campaña tuvo como objetivo, viéndose desde la actualidad, crear una imagen desfavorable de la Cuba precastrista que justificara la conducta política posterior de la dictadura de Fidel Castro, a quien dicha campaña empezó enseguida a identificar con Cuba.

Ciertas personas todavía creen que poner en claro las cifras que demuestran que Cuba era un país verdaderamente en vías de desarrollo y no subdesarrollado, como se dijo después, gran diferencia, sería justificar la actuación de Batista, que tampoco fue tan mala como se ha contado. La verdad —y sin verdad no hay historia precisa— es que el llamado progreso cubano de aquella época se debe, esencialmente, al esfuerzo de todos los sectores de la sociedad durante sus 57 años de república, y por encima de todo a sus casi cinco siglos de vida como nación.

Una nación debe estar en el centro del hombre, y el hombre en el núcleo de la nación.

De ahí que el peso cubano en 1950, dos años antes del segundo mandato de Fulgencio Batista y Zaldívar y de su segunda llegada al poder, poseía el mismo valor del dólar estadounidense.

## CUBA PRERREVOLUCIONARIA Y PRECASTRISTA

Incitados y alentada por los medios oficiales de comunicación y prensa internos —además de por Radio Habana Cuba, emisora del Estado, como todos los medios allí, que transmite para el extranjero en diversos idiomas, y la agencia oficialista Prensa Latina, creada y fundada por el periodista y guerrillero argentino Jorge Ricardo Masetti—, la campaña hizo énfasis muy especial en la miseria en la que presuntamente vivía sumida la isla y el control económico que ejercía Estados Unidos sobre el destino de la misma. Toda una propaganda proveniente de la ideología castrocomunista de Fidel Castro.

Frente a los que carecían de información y no poseían cifras concretas, Cuba se presentaba como un burdel cuyo manejador era Estados Unidos. Solo hay que leer esos libros esenciales para corroborar cifras, por ejemplo, *Cuba/España, España/ Cuba: historia común*, del historiador cubano Manuel Moreno Fraginals, así como los libros de economía de Leví Marrero. En la época en la que Cuba era provincia, y no colonia de España, los negros esclavos cubanos comían el triple y de mejor calidad que lo que consumen como alimento los cubanos actuales y todos estos años tras el desastre revoltoso castrista. Doblegar por hambre a un pueblo estaba en el proyecto del Máximo Líder.

Esa forma y parte de la campaña procastrista y anticubana ayudaba a privilegiar y justificar la presencia de un régimen comunista, que tal como se pensaba en la época supuestamente

76

iría a ocuparse de realizar profundas y concretas transformaciones en el bienestar social, en una sociedad «destruida por la pobreza»; la palabra nación fue eliminada del diccionario, como tantas otras palabras. La guerra contra el lenguaje libre, y contra el idioma mismo, había comenzado.

Si ponemos atención a la propaganda castrista, hija de la leninista, se tendría la sensación de que Cuba era un país con un 50 por ciento de analfabetos, y así se lo hicieron creer al mundo. En 1958, Cuba tenía un 23,4 por ciento de analfabetismo en su peor época, que bajó al 18 por ciento en breve tiempo; México un 60 por ciento de iletrados.

Se dijo también, que las garras de las transnacionales norteamericanas se extendían en cada renglón y lugar de la economía nacional. Falso. Se sostuvo que Cuba era un país sin médicos, de obreros y campesinos onerosamente explotados, con un altísimo nivel de desempleo, y en cada cuadra —no un comité de defensa de la revolución pleno de delatores como desde hace más de sesenta años, sino un prostíbulo y casinos de juego en cada esquina, multiplicados—. La falsedad hecha revolución, el engaño, la mentira, el oprobio se ampararon de la isla y de sus habitantes, que inclusive habiendo vivido lo contrario, fueron obligados a convertirse en papagayos de la ignominia.

Sabido es que Cuba no era un país desarrollado, pero tampoco era un país subdesarrollado, era un país en vías de desarrollo, gran diferencia. En 1957 las cifras hablaban por sí solas, Cuba ocupaba el tercer orden escalativo económico de la región después de Argentina y Venezuela, y mejor inclusive que España. Las riquezas no se distribuían de manera equitativa, ni falta que hacía —durante el castrismo no se ha distribuido más que pobreza e ideología barata—.

En 1958 el 14 por ciento del capital total invertido en la isla era norteamericano, no existían en el país más que diez casinos de juegos. El 62 por ciento de los centrales azucareros, los principales núcleos de la producción de azúcar, que a su vez era el principal renglón de la economía nacional, era propiedad de cubanos.

Cuba poseía en 1953 el número 22 a nivel mundial en médicos por habitantes, con 128,6 por cada cien mil habitantes, de seis millones. La tasa de mortalidad era de 5,8 —tercer lugar en el mundo—, mientras que la de Estados Unidos era de 9,5 y la de Canadá de 7,6.

Al final de los años 50, la isla poseía la tasa de natalidad infantil más baja de Iberoamérica con 3,76, seguida por Argentina con el 6,11, Venezuela 6,56 y Uruguay 7,30, según datos de la Organización Mundial de la Salud (OMS), que después los castristas quisieron manipular, como mismo hacían frente a los extranjeros, sin conseguirlo.

Cuba se situaba en el puesto 33 entre 112 naciones del mundo en cuanto a nivel intelectual, de lectura diaria, en educación, con 101 ejemplares de periódicos por cada mil habitantes. Se ejercía la prensa libre, lo que contradice a todas luces el falso argumento de que el país estaba conformado por un gran número de iletrados.

En sustancia y materia de artículos suntuarios, se poseía en 1959 una radio por cada cinco habitantes, un televisor por cada 28, un teléfono por cada 38 y un automóvil por cada 40 habitantes —según el Anuario Estadístico de Naciones Unidas—.

De más está recordar, pero se debe hacer, por hecho y verdad, que inclusive los más importantes y mayores escritores y artistas cubanos, reconocidos internacional y universalmente, habían culminado su gran obra, y lo más importante de ella, antes de la llegada de los Castro al poder. Sin destacar su posición e ideología política, que no tenía la menor importancia, estaban José Lezama Lima, seguramente el hombre de letras más relevante de Cuba en el siglo xx; el poeta y dramaturgo Virgilio Piñera, adalid revolucionario del teatro cubano tras el estreno de su obra *Electra Garrigó* en 1948, dos años antes de que el franco-rumano Eugenio Ionesco, padre del teatro del absurdo, estrenara en París *La Soprano Calva*; los pintores Amelia Peláez, René Portocarrero, Wilfredo Lam y otros tantos; sin contar los que después se alinearon fervientemente con el castrocomunismo, como el novelista Alejo Carpentier, autor de *El Siglo de las Luces*, el poeta Nicolás Guillén, la bailarina Alicia Alonso. Más un número increíble de compositores e intérpretes —no todos alineados con el régimen— de la música clásica y popular, como Ernesto lecuona, Amadeo Roldán, Alejandro García Caturla, el Trío Matamoros, Sindo Garay, Eliseo Grenet, Hubert de Blank, Benny Moré, Dámaso Pérez Prado, Celia Cruz, Olga Guillot, La Lupe, Rosa Carmina, Ninón Sevilla, entre otros muchos.

Pero ahora veamos algunos datos en relación con la salud pública, el sector laboral y la educación.

## SALUD PÚBLICA

En 1958, Cuba contaba con una población censada de 6 630 921 habitantes. En aquella época existían en la isla 35 mil camas de hospitales (varios testimonios y vídeos en YouTube lo demuestran en Memoria de Cuba), un promedio de una cama por cada 190 habitantes, cifra que excedía el objetivo y meta de países desarrollados del momento de 200 personas por cama de hospital. En el año 1960, Estados Unidos tenía una cama de hospital por cada 109 habitantes.

En el mismo año, la nación cubana poseía un promedio de un médico por cada 980 habitantes, superada en Sudamérica solo por Argentina con uno por cada 760 y Uruguay, con uno por cada 860. Cuba tenía un dentista por cada 2 978.

Datos hallados en los Archivos de la Organización Mundial de la Salud (OMS).

# RELACIONES LABORALES

En 1958, un trabajador industrial cubano ganaba un salario promedio de 6 dólares diarios por jornada de ocho horas, mientras que un trabajador agrícola, en el mismo periodo ganaba 3 dólares. El país ocupaba el lugar número 8 en el mundo en el pago de salarios a trabajadores industriales, superado solo por los siguientes países:

1. Estados Unidos (16,80 dólares).
2. Canadá (11,73 dólares).
3. Suecia (8,10 dólares).
4. Suiza (8,00 dólares).
5. Nueva Zelanda (6,72 dólares).
6. Dinamarca (6, 46 dólares).
7. Noruega (6,10 dólares).

En el ramo o renglón salarial destinado a los trabajadores agrícolas, Cuba ocupaba el puesto número 7 a nivel mundial, superada solo por los países siguientes:

1. Canadá (7,18 dólares).
2. Nueva Zelanda (6,72 dólares).
3. Australia (6,61 dólares).
4. Estados Unidos (6,80 dólares).
5. Suecia (5,47 dólares).
6. Noruega (4,38 dólares).

Los datos anteriores fueron divulgados por la Organización Internacional del Trabajo (OIT), en Ginebra, Suiza, en 1960.

En el año 1958, Cuba contaba con una fuerza laboral de 2 204 000 trabajadores. La tasa de desempleo en la fecha era del 7,07 por ciento, la más baja de Sudamérica, según datos del Ministerio del Trabajo de Cuba.

# EDUCACIÓN

En ese mismo año Cuba contaba con tres universidades financiadas por el Gobierno y otras tres de carácter privado. La matrícula de las universidades bajo el control del Gobierno era de 20 mil estudiantes.

Existían 900 escuelas privadas oficialmente reconocidas, cifra en la que se incluían las tres universidades privadas, con una matrícula total superior a los 100 mil estudiantes.

El sistema de educación pública contaba con 25 mil maestros, y el de educación privada con 3.500.

A mediados de la década del 50, existían 1 206 escuelas rurales y un sistema de bibliotecas móviles con un total de 179.738 volúmenes.

Además, en 1958, Cuba poseía 114 instituciones de educación superior, por debajo del nivel universitario, entre institutos, escuelas politécnicas y escuelas profesionales, financiadas por el Gobierno. En 1957, estas instituciones capacitaron a 38 428 estudiantes. Había entonces en la isla una tasa de analfabetismo del 18 por ciento.

Faltaría aquí mostrar datos de la Cuba prerrepublicana, que se pueden comprobar en el libro *Historia política y económica de Cuba (1800-1961). Una República en formación*, de Eduardo J. Tejera. Se sorprenderán mucho con que en la época en la que Cuba era una provincia más de España su economía —comparativamente— floreció mucho más que en la era republicana.

No obstante, el régimen imperante en la isla ha hecho fijación con el éxito de lo que más ha combatido: la Cuba Republicana, a tal punto que en medio de su estruendoso fracaso económico sin límites, pretende copiar lo que otrora fue pese a ellos mismos. No ignoran que el cambio debe de venir desde lo económico a pulso, pero le temen, porque saben que eso conllevaría la desaparición radical y definitiva de su poder absoluto en la isla.

# CRÍTICA AL REPUBLICANISMO DESDE UNA PERSPECTIVA LIBERAL RADICAL

## 1. ORÍGENES HISTÓRICOS DEL REPUBLICANISMO

- República romana: modelo mixto (monarquía, aristocracia, democracia), pero basado en corrupción, esclavismo y exclusión política.
- Repúblicas italianas medievales: ejemplos como Venecia muestran instituciones complejas, pero igualmente oligárquicas y limitadas.
- Revolución norteamericana: inspiradora en su defensa de derechos naturales, aunque imperfecta por la persistencia del esclavismo y la corrupción.
- Revolución francesa: referenciada frecuentemente, pero crítica por su degeneración en dictadura y violencia política.

## 2. CONCEPTO DE LIBERTAD

- Libertad liberal clásica: consiste en la ausencia de interferencia violenta en los actos pacíficos de los individuos.
- Libertad republicana: define la libertad como ausencia de «dominación arbitraria», permitiendo intervenciones externas incluso en relaciones voluntarias.

## 3. CRÍTICA A LA IDEA DE «DOMINACIÓN»

- El republicanismo ve dominación donde en realidad hay cooperación libre y voluntaria.
- Solo existe explotación cuando hay coacción física real, no cuando hay acuerdo mutuo.
- Terceros no deben juzgar ni intervenir en relaciones pacíficas ajenas.

## 4. Crítica a la participación política intensiva

- La participación política constante fomenta conflictos sociales permanentes.
- No todos tienen el tiempo, la habilidad ni el interés para participar activamente.
- Las minorías organizadas pueden capturar el poder político en detrimento de la mayoría.

## 5. Consecuencias negativas de la politización

- La politización cotidiana genera sociedades conflictivas, tensas y fragmentadas.
- Es preferible una sociedad de derechos individuales claros y mínima acción política diaria.

## 6. Virtud cívica, educación y corrupción

Virtud cívica y patriotismo constitucional

- Se promueve como amor al Estado y participación activa.
- En realidad, fomenta un culto estatal que limita la libertad individual.

Educación cívica obligatoria

- Educar en «virtudes cívicas» suele ser un mecanismo de adoctrinamiento estatal.
- Impone un modelo único de justicia social, desnaturalizando la diversidad moral.

## Ciudadanía activa y vigilancia política

- Se idealiza al ciudadano vigilante y participativo constante.
- Sin embargo, la verdadera libertad incluye el derecho a vivir despolitizado y en paz.

## Corrupción y el Estado

- Los republicanos ven la corrupción como un defecto moral aislado.
- Pero es el tamaño y arbitrariedad del Estado lo que incentiva y multiplica la corrupción.
- Sin Estado coercitivo, la corrupción institucional desaparece.

## 7. Crítica al intervencionismo económico

- Subir precios tras una catástrofe es un mecanismo racional de asignación de bienes escasos.
- La intervención estatal crea dominación real y descoordina los mercados.
- El Estado nunca posee toda la información necesaria para fijar precios, intereses o salarios «justos».

# OTRA CARTA AL SENADOR Y SECRETARIO DE ESTADO MARCO RUBIO

No, esta misiva no será como aquella otra que empezaba nombrando al senador con la excesiva confianza que solo se autoriza la bajeza y que entonces hacía referencia a unos valores, a una credibilidad, a una vergüenza, jamás mantenida por quien los exigía en la misiva. Esta carta es quizás la que muchos ciudadanos del mundo debieran escribirle a quien hoy ha sido erigido por el derecho de una trayectoria y del voto democrático universal en secretario de Estado; debido a lo cual empiezo por reiterarle mis más profundas y respetuosas felicitaciones, así como mis mejores votos para el éxito futuro, que no dudo que tendrá, al senador, secretario de Estado del Gobierno de Donald Trump recién electo, Sr. don Marco Rubio.

Como seguramente sabrá, le escribe una cubana que vive exiliada en Europa, entre Francia y España, que ha mantenido a España como su segunda patria y a Francia como un cuartel general para defender a su primera patria: Cuba. «La patria es la infancia», expresó Eugène Ionesco y luego, de otra manera la frase fue revisitada por Charles Baudelaire; más tarde, Albert Camus, nada más y nada menos, escribió eso de «tengo una patria, es el idioma francés». José Martí, mucho antes, manifestó que «dos patrias tengo yo: Cuba y la noche. ¿O son una las dos?». En España aprendí, con algunos de sus grandes autores, que no debemos nunca renunciar al patriotismo civil y constitucional, y mucho menos a la defensa del lenguaje y de la cultura. Algo que usted ha hecho desde la política, sumido en el bilingüismo, lo que es de agradecer. Creo firmemente en el idioma español como *élan vital* y como evocación sublime de la belleza, también en la diversidad filosófica del lenguaje; por lo visto usted también. No soy ciudadana norteamericana, pero tengo familia cubanoamericana en Estados Unidos, la mayoría simpatizantes suyos y del presidente Donald Trump. Le diré, sin más regodeos, lo que esperamos de usted a nivel internacional, que es lo requerido en su cargo y para lo que fue nombrado.

Para lo que fue nombrado usted ha cumplido bastante las expectativas, como otros congresistas cubanoamericanos, pero ahora la barra se sitúa muy alto y eso seguramente usted no lo ignora. «Me da mucho orgullo» (al contrario de «pena» —para repetir solamente la fórmula de una antigua y errática carta dirigida a usted en el 2016—), como cubana y como hispana e iberocaribeña, que usted haya apoyado al presidente Donald Trump tras haber sido usted en el 2016 precandidato a la presidencia de esa gran nación. Usted llena no solo de orgullo, también de prestigio al exilio y a su país de origen; sin embargo, esperamos más los que desesperamos más, de eso usted no puede estar ajeno, creo que debe ser consciente.

Confiamos en que Estados Unidos volverá a ser grande otra vez, siendo fuerte, de mano estable y sólida —sobre todo frente a las dictaduras—. He visto no sé cuántas veces su vídeo en el que explica el tema del embargo contra el régimen castrocomunista, no imagina cuánto se lo agradezco, aunque siento anunciarle que necesitamos más mano dura. Para que por fin la tiranía, que es siempre una y la misma, entienda y se larguen de una vez; ellos solo entienden con el puño firme. La libertad de los presos políticos es muy necesaria y urgente, pero en el mismo grado de urgencia o más la libertad radical de Cuba, para que no vuelva a haber presos políticos, tras 66 años de opresión, resulta sumamente apremiante. Es una deuda que Estados Unidos debe de acabar de saldar, para por fin pasar página a los capítulos luminosos que le espera a la Cuba eterna. Como afirmó el señor Marcell Felipe en un programa televisivo, no me cabe ninguna duda de que usted pondrá empeño en esa obra y transitará el camino hacia la libertad que ya nos toca.

Es verdad que solo el pueblo cubano es su propio líder, lo demostró el 11 y 12 de julio del 2021; no obstante, una vez más se quedó solo, sin el respaldo que aguardaba por parte de Estados Unidos. Ese respaldo no debiera quedar meramente en las habituales frases o consignas, en las palmaditas en los hombros a unos cuantos que se autodenominan o los denominan desde Washington como líderes, no siendo elegidos, más en improbables discursos de consolación. Los cubanos no deseamos más consuelos en forma de discursos, ni astutas moldeadoras de *grants* para quienes no los merecen, anhelamos hechos concretos. La tiranía castrocomunista, la cabeza del monstruo que tanto daño ha hecho en el mundo, incluido en Estados Unidos, debe ser cercenada de un tajo.

Por el contrario, yo sí sé —no como otros— y admito que los políticos se deben a un partido o movimiento político, así como a intereses, el que no se haya enterado a estas alturas debe ser muy necio o sencillamente depende todavía de una ideología izquierdista que le han inoculado hasta el tuétano; sé que es difícil librarse del veneno, pero el antídoto existe y resulta efectivo. Usted pertenece a un partido y a unos intereses liderados por Ronald Reagan y continuados por Donald Trump en un combate certero y eficaz contra el comunismo. Entiendo —reitero, no como otros— que usted no es exclusivamente el «empleado» de un votante en particular, sino de muchos, pero por mayoría puedo presumir que es hora de que Cuba sea liberada por fin por y de ella misma, de su *fatum*, pero con el respaldo más que nunca de quien colaboró en su hundimiento, Estados Unidos.

Una última cosa, y no menos importante: elevemos la lucha por la libertad de Cuba al pedestal que Cuba merece, no lo reduzcamos al «bajo astral» —como comentan algunos amigos—, a ese terreno que a la tiranía tanto le conviene y en el que se siente cómoda, el del reparterismo, el influencerismo, el rancherismo cambiacasaca (cuyo origen se basa en una pésima película de espías del ICAIC), el regueretonismo, y demás «ismos» tan próximos y parecidos al comunismo. Lo de Cuba ya ha sobrepasado lo de embargo, visas, uniones familiares y demás caminitos que solo facilitan que el castrismo juegue y se burle de Estados Unidos, de su Gobierno, de su presidente, de usted y del mundo. Recuerde aquella frase magnífica de Mijaíl Gorvachov: «Se necesita un nuevo pensamiento con nuevos principios«. (Mijaíl Gorbachov. *Memorias de los Años decisivos (1985-1992)*. Capítulo: «No hay reformadores felices», pp. 2-5).

No vacile, que no le tiemble la mano dura, corazón duro, alma dura, y si es posible tumbe a esa dictadura que convirtió la vida de sus padres, la suya, la de sus herederos y la de todos los cubanos, en uno de los peores infiernos comunistas que todavía sobreviven y que con Corea del Norte es el régimen más perverso y criminal que existe en el mundo junto con el islamismo.

Mis respetos siempre. ¡Viva la libertad, coño y carajo!

# EN LA COLA PARA LA LIBERTAD

Donald Trump se ha dedicado desde hace un año de mandato como presidente de Estados Unidos a liberar el mundo del socialcomunismo y del islamocomunismo; no es tarea boba, que diría mi abuela. Se ha autonombrado salvador del mundo y por la parte que me corresponde no tengo nada en contra, al revés. Pero Trump no actúa solo, y no decide en soledad, y esto es lo que pone en peligro su gestión.

También es cierto que, si bien se ha entregado en cuerpo y alma a esas numerosas liberaciones en diversas partes del planeta, el patio lo tiene en candela; sobre todo en Nueva York, la «gran manzana» emblemática entre las ciudades más importantes del mundo, sino la más importante, ahora podrida.

Tras la elección de Zohran Mamdani como alcalde de una ciudad que ya iba en picado, la caída se avizora bastante completa; pero eso no parece importarle al presidente de Estados Unidos, o piensa que los tres años que le quedan le rendirán lo suficiente para ocuparse cuando pueda, en su momento. O, tal vez desearía la caída misma dentro de su propia casa, y que sirva como ejemplo de lo que el islamocomunismo destruye. O sea, una Cuba interna.

Entre tanto, la doctrina Monroe se acentúa, con su variante de no terminar lo que empiezan. En la larga cola de países que esperan por la liberación o la paz de Trump se encuentran: Ucrania frente a Rusia, nada más y nada menos, lo que prometió que resolvería en una semana le ha conducido al tratamiento de masaje y té de dormidera aplicado por Putin, a lo del nunca jamás, o al aguántate, quién te manda a semejante bambolla o alarde; Irán, Venezuela, Cuba, Nicaragua...

Normalmente le seguía Irán, ya estamos viendo el nivel de gravedad de la situación después de que Estados Unidos bombardeara solamente las bases nuclearas y dejara el trabajo sin finiquitar, o sea, sin liquidar a los *mollah* y sin liberar de un tajo al pueblo persa; lo que habría evitado la masacre a la que estamos asistiendo.

Aunque Cuba iría primero que todos esos, dado el tiempo y el esfuerzo con el que Estados Unidos se empeñó en reducirla a cenizas. Pero ya escribí en el 2024, en mi cuaderno de notas, lo siguiente: «La libertad de Cuba llegará pronto. El tiempo no define ese "pronto", lo define el anhelo». ¡Ni con eso! De modo que Cuba fue a dar a lo último de la cola por la liberación trumpista.

En ese orden iría Nicaragua, pero francamente a quién le importa Nicaragua como no sea para usarla en los discursos de almohadilla, de sostén, vamos, como para que Trump de vez en cuando acomode su cabeza turbulenta y cansada.

**Todas las órdenes de matar provienen de La Habana, lo he repetido por años, nadie me hacía caso**

Entonces, nada de sorpresas, le tocó a Venezuela, en esa operación llamada Resolución Absoluta —pareciera el título de un poema de Nicanor Parra, ironías de la vida—. Menos mal que en Chile ganó ampliamente mi estimado José Antonio Kast. O tal vez un poema del salvadoreño Roque Dalton, al que mandaron a matar desde La Habana. Todas las órdenes de matar provienen de La Habana, lo he repetido por años, nadie me hacía caso; sin embargo, de súbito, en el último momento, aquellos que lo negaban en mi propia cara lo repiten como coticas bravías e inteligentes. La política es un trabajar *«p'al inglés, Víctor Manué»*.

Con lo de Venezuela, gracias al parecer a un reloj con premio adosado del Mossad que le regaló un presidente africano a Nicolás Maduro (la avaricia rompe el saco, decía mi abuela, esa analista política *avant la lettre*) extrajeron al dictador, colocaron inmediatamente a la vicepresidente, tan metida en el narcotráfico, el tráfico de oro y en la mafia como Al Capone y el viejo Kennedy, pero miren ustedes, fue la elegida por Trump, que en el momento en el que escribo esta columna se estará preparando para recibir a la *NobeldelaPá* María Corina Machado, de la que primero se burló y a la que ahora, tras rectificar, probablemente bendiga con este recibimiento, que lo mismo resulta una especie de palmadita de consolación. Veremos, dijo un ciego.

Nos precisó sin cortapisas que Venezuela iba primera en la cola debido al petróleo —agradezco su desenvolvimiento verbal—. Bien, se le olvidó o quizás nunca lo supo que las damas cubanas (españolas en la época) entregaron parte de su fortuna para que Estados Unidos consiguiera la independencia de la que disfrutan, y lo más cercano, de que fue Estados Unidos quien puso al tirano Fidel Castro en el poder, pese a que en diciembre de 1958 se habían celebrado elecciones y el presidente Andrés Rivero Agüero había sido electo, Fulgencio Batista y Zaldívar había terminado su mandato. De modo que, aunque nos la deben, me refiero a la libertad, no les importa hacer demasiado por ella porque no tenemos crudo, aunque la llevemos más crudo en la vida cotidiana después de Corea del Norte.

No voy a criticar a Donald Trump, solo le rogaría que se centre un poco, pues él pudiera más que nadie corregir lo que siempre hace Estados Unidos: armar el barullo y dejársela en los callos a los pueblos oprimidos a los que intenta liberar, que luego siguen tan oprimidos o más, pero agradecidos eternamente de que alguien haya al menos pensado en ellos. Es cierto que sin USA, Europa estuviera ahora mismo hablando alemán, o nazi, que es el peor idioma inimaginable porque es el idioma del nacionalsocialismo que se alió con el islamismo, lo que goza de una actualidad apabullante.

Visto lo visto, por fin le toca a Irán, Trump ha enviado barcos y portaaviones, y el copón divino. Llegan tarde, siento decirlo. Porque esa masacre ocurrida en estos días se habría podido evitar desde que bombardearon los sitios claves —para ellos—. Pero vaya usted a saber qué ha negociado el rubio con el cabeza de trapo Jameini.

En cuanto a Cuba, estoy esperanzada en que esta vez sí, pese a que tenemos como es habitual el último puesto en la cola, aunque igual privilegia a Nicaragua, que también merece ser libre. Viendo los movimientos recientes en relación con Cuba en Washington, presiento que iremos de una tiranía a una dictadura tan glamurosa como la que al inicio instauró el joven Castro, elegido caprichosamente por el gendarme del mundo.

# SERVICIO LIBREMENTE PRODUCIDO, INTERCAMBIADO Y CONTRATADO, MÁS BARATO, CON MAYOR CALIDAD Y EN ABUNDANCIA

En general estaría de acuerdo, bajo términos más amplios sí, claro, pues esa afirmación se alinea de manera lógica con los principios de la economía de mercado y el liberalismo clásico; pues, desde el instante en que los bienes y servicios son producidos, intercambiados y contratados libremente, el resultado se da con toda evidencia en tres efectos claves:

- Una mayor competitividad, lo que obliga a mejorar la calidad, a reducir precios, con la intención de atraer al consumidor.
- La innovación constante, pues los productores buscan destacar y de tal modo satisfacer con mejor calidad las necesidades.
- La asignación con eficacia de los recursos, pues el mercado viabiliza recursos hacia donde se supone que exista mayor demanda y utilidad.

**Ergo ¿cuando existe monopolio estatal o privado resulta lo contrario?**

En cambio, cuando hay coerción, monopolio estatal o barreras artificiales, los precios tienden a subir, la calidad a caer y la oferta a estancarse.

Más exactamente, cuando hay un monopolio, ya sea estatal o privado, se dan las condiciones opuestas:

1. Menor competencia: al no existir alternativas, el proveedor no tiene incentivos para mejorar precios ni calidad.
2. Estancamiento de la innovación: sin rivales que presionen, no hay necesidad de innovar.
3. Ineficiencia asegurada: los recursos se asignan según intereses del monopolio, no según las preferencias reales del consumidor.

En el caso de un monopolio estatal el problema suele agravarse porque:

- No existe riesgo de quiebra ni sanción por pésimo servicio.
- El consumidor no tiene opción de salida (no puede elegir).
- Se financia con impuestos, no con mérito en el mercado.

Y, en un monopolio privado protegido por el Estado, como ocurre con licencias exclusivas, patentes mal gestionadas o barreras regulatorias, de entrada se distorsiona la libertad, se fragmenta el mecanismo natural de competencia, se rompe.

**¿Constituyen servicios la defensa y la justicia?**

Desde luego que sí, la defensa y la justicia son servicios, aunque tradicionalmente han sido considerados servicios públicos por excelencia.

Desde una perspectiva económica y libertaria tendríamos:

- La defensa (protección contra agresiones externas o internas) es un servicio que satisface una necesidad concreta: seguridad.
- La justicia (resolución de conflictos y reparación de daños) también lo es: organiza la convivencia y permite la cooperación social basada en reglas.

Ambos constituyen servicios intangibles que debieran ser prestados por distintos actores, no necesaria ni exclusivamente por el Estado. De hecho, en sistemas basados en derecho consuetudinario o voluntario, estos servicios han sido provistos históricamente por comunidades, gremios, compañías privadas y sistemas de arbitraje.

**Si la seguridad y la justicia son servicios, ¿no serían más económicas, de mejor calidad y más abundantes si no existieran los monopolios estatales?**

Por supuesto que sí, esa conclusión es coherente con los principios del libre mercado y con la lógica que se aplica a cualquier otro servicio:

Si la seguridad y la justicia constituyen servicios, entonces, al eliminar el monopolio estatal sobre ellos, también se darían las condiciones que mejoran cualquier mercado:

1. Más competencia → mejores precios y calidad.
2. Opciones diversas → el ciudadano elige según sus valores, nivel de riesgo y capacidad económica.
3. Innovación → en métodos de resolución de conflictos, seguridad preventiva, reparación de daños, etcétera.
4. Responsabilidad directa → el proveedor responde ante el cliente, no se escuda tras burocracias.

Esto no es solo una teoría: en distintas épocas y lugares han existido sistemas de justicia y seguridad no estatales (como la ley consuetudinaria islandesa, los tribunales mercantiles medievales o los servicios de seguridad privada actuales), que funcionan con incentivos más alineados con la eficiencia y la justicia real.

Por supuesto, este enfoque choca con la visión estatista que considera a la seguridad y justicia como funciones «inalienables» del Estado. Pero desde una visión libertaria o neocapitalista la lógica de la competencia aplicaría también en este punto.

# PRINCIPIOS DEL NUEVO INTELECTUAL: EL EMPRESARIO

Ayn Rand calificaba al empresario como un nuevo intelectual que ha configurado el nuevo capitalismo:

1. El individuo es soberano sobre su vida, su cuerpo y el fruto de su trabajo.

Ninguna autoridad tiene legitimidad para disponer de su tiempo, su propiedad ni sus decisiones sin su consentimiento.

2. Sin propiedad no hay libertad.

La propiedad privada es la expresión material del derecho natural a la vida y a la libertad. Sin ella, no existe la posibilidad de acción autónoma ni defensa efectiva del individuo frente al poder.

3. Todo acuerdo libre y voluntario entre individuos con independencia económica es ley.

La libre contratación es la base del orden social. Si hay consentimiento mutuo, no se requiere validación externa alguna para que un acuerdo sea justo y vinculante.

4. La justicia y la seguridad son servicios.

Como cualquier otro servicio, si se monopolizan, se vuelven más caros, más escasos y de peor calidad. Ni la justicia ni la seguridad deben estar reservadas a un solo proveedor armado.

5. La justicia y la seguridad deben ofrecerse en competencia libre.

6. Las personas tienen derecho a elegir árbitros, mecanismos de resolución de conflictos, servicios de protección y defensa, igual que eligen transporte, salud o comunicación. La justicia restaurativa y contractual es superior a la justicia impuesta.

7. Los derechos no son impositivos, son naturales y negativos.

No provienen del Estado ni de una mayoría. Emergen del orden natural y se preservan mediante el derecho consuetudinario: usos, costumbres y precedentes que reflejan la experiencia moral de la sociedad libre.

8. La moneda debe ser de curso libre y los depósitos bancarios, cien por ciento claros, a la vista.

Toda imposición de moneda, inflación forzada o reserva fraccionaria es una forma de saqueo. En una sociedad libre, los medios de intercambio y el ahorro deben regirse por transparencia, competencia y consentimiento.

9. El monopolio estatal de cualquier bien o servicio es injusto, genera inflación y frena el desarrollo.

Al eliminar la competencia, distorsiona los precios, debilita la calidad e impide la innovación. Ningún monopolio estatal puede sostenerse sin represión o subsidios forzados.

10. Las constituciones lejos de limitar el poder del Estado, lo legitiman y lo autoprotegen.

Son marcos jurídicos diseñados para perpetuar el monopolio estatal con apariencia de legalidad, anulando el derecho natural bajo pretextos de orden y gobernabilidad. En el caso de Cuba, la que se imponga tras la liberación, debiera vivir al menos cinco años, luego pudieran considerarse las modificaciones necesarias siempre que el soberano lo reclame y lo lleve a elecciones.

11. La democracia es la dependencia del individuo al colectivo, debiéramos estudiarla y mejorarla.

Sustituye la soberanía personal por la obediencia a la mayoría. La libertad no consiste en votar quién manda, sino en que nadie tenga poder sobre otro sin su consentimiento.

# CRÍTICA AL COMUNISMO

El comunismo no fracasó por errores de implementación, lide-razgo o contexto. Fracasó *per se*, porque su núcleo teórico es falso y su lógica estructural conduce inevitablemente a la destrucción de la libertad, de la propiedad y de la vida individual digna.

Aunque el comunismo acepta lo injusto y violento del Estado, propone una vía errónea para eliminarlo: la sustitución de la propiedad privada por la propiedad social, presuntamente colectiva. Esta sustitución no reduce el poder estatal, más bien lo absolutiza al centralizar los recursos y las decisiones en una élite armada en nombre del «pueblo».

Sus principios fundamentales —expresados abiertamente en el *Manifiesto del Partido Comunista* de Karl Marx y Friedrich Engels (1848)— incluyen:

1. Expropiación de la propiedad del inmueble.
2. El proletariado debe llegar al poder por la revolución y, desde el poder, abolir la propiedad privada.
3. Asume que el valor es objetivo y depende del trabajo, entonces plantea la socialización del trabajo y su redis-tribución centralizada en la sociedad.
4. Concentración del crédito en el Estado mediante un banco central estatal.
5. Establecimiento de educación pública obligatoria y transporte público.

6. Fuerte impuesto progresivo.
7. Abolición del derecho de herencia.
8. Confiscación de la fortuna de los emigrados (tomados como enemigos).
9. Multiplicación de fábricas nacionales y creación de ejércitos industriales.
10. Borrado de las diferencias entre el campo y la ciudad.

Estos postulados se apuntalan sobre una base económica insostenible: la teoría objetiva del valor trabajo, según la cual el valor de los bienes depende del tiempo de trabajo incorporado, no de la utilidad subjetiva que les otorgan los individuos en un intercambio voluntario. Este error anula toda comprensión real de precios, costos, utilidad marginal y coordinación económica.

El comunismo propone, además, que para llegar a una sociedad sin Estado, primero debe abolirse la idea de nación y crearse el Estado más absoluto que concentre en sí todos los recursos y funciones. Esto no disuelve el poder, sino que lo eleva a su forma más totalitaria.

Al abolir la propiedad privada, el comunismo elimina también la producción libre, el intercambio voluntario y la contratación entre individuos soberanos. El resultado histórico ha sido siempre el mismo: represión política, escasez económica y servidumbre institucionalizada, o sea, hundimiento.

Allí donde el comunismo se ha impuesto, el Estado se convirtió irremediablemente en dueño de todo y responsable de nada.

# EL CONOCIMIENTO LIBERTARIO Y EL DERECHO NATURAL AL NEOCAPITALISMO

El neocapitalismo no propone el caos. Propone el orden sin un Estado aplastante, concentrador de poderes: un orden basado en principios inmutables, anteriores a cualquier legislación escrita, conocidos como derecho natural y expresados a través del derecho *ad usual*.

Este orden no necesita planificadores ni parlamentos. Surge espontáneamente de las acciones libres de los individuos, del respeto a la propiedad ajena y de la solución pacífica de conflictos mediante acuerdos voluntarios.

Sus fundamentos son simples y universales:

1. Cada persona es dueña de su sí, de su humanidad como cuerpo que la contiene, de su tiempo y de lo que produce o adquiere legítimamente.
2. Toda agresión contra la vida, la libertad o la propiedad ajena constituye un delito.

Y, como tal, debe ser reparado por el agresor, no castigado arbitrariamente por una autoridad lejana.

3. La justicia tiene por fin la restitución, la reparación definitiva, no el castigo eterno ni temporal.

La víctima debe ser compensada; no es justo que la solución al conflicto consista en encerrar al agresor a costa del contribuyente, sin reparar el daño causado.

4. La ley no nace del voto, sino de la costumbre, de la tradición, de la existencia misma.

Las reglas legítimas no se imponen por mayoría, sino que emergen de la experiencia social acumulada, de los usos, prácticas y precedentes que reflejan acuerdos duraderos, eficaces y justos.

5. Los servicios de justicia, defensa, seguridad, salud o moneda deben prestarse en competencia libre.

Cuando el Estado monopoliza estos servicios, los vuelve más costosos, ineficientes y violentos. En libertad, los individuos eligen, comparan, evalúan y contratan según sus valores y necesidades.

6. El mercado no es solo un mecanismo económico, sino una expresión ética del respeto mutuo.

Intercambiar libremente es reconocer al otro como igual, sin imponerle nada ajeno a sí mismo, a su decisión, sin obediencia forzada, sin amenazas de castigo o expropiación.

7. En una sociedad libre, no hay gobernantes ni gobernados: hay individuos en trato mutuo.

Las relaciones se basan en el consentimiento. No hay poder sobre otro, sino acuerdos con el otro.

Este orden no es utopía futura ni teoría abstracta: ha existido en múltiples momentos de la historia humana. Allí donde el Estado se desmerenga —pero las personas conservan víncu-los, propiedad y deseo de vivir en paz— el orden natural vuelve a emerger.

En la actualidad, ese punto de hundimiento es Cuba. Allí donde el Estado ya no provee ni reprime con eficacia, donde el poder ha perdido autoridad real y solo se sostiene por miedo, la sociedad puede comenzar a organizarse sin él. Ninguna sociedad ni ningún individuo necesitan de un estado fallido. El problema vendría de un amigo-enemigo que quisiera actuar imponiendo una asistencia que pudiera hacernos más daño en el futuro debido a la deuda o la dependencia.

No se trata de conquistar un nuevo Estado, sino de dejarlo atrás. No se trata de cambiar de tirano, sino de no tener nin-guno. Se trata de despojarse de ambos, y de acudir a un nuevo capitalismo en el que cada persona se convierta en su propio imperio.

El orden, la paz, la prosperidad y la civilización nacen de la libertad y se sostienen con la propiedad y el poder de decisión de cada individuo.

# OPORTUNIDAD PARA UNA SOCIEDAD NEOCAPITALISTA

Cuba no necesita una nueva revolución estatal. Necesita que nadie más gobierne sobre nadie. Su padecimiento le ha mostrado lo suficiente para percibir dónde radica el problema: en el exceso de mando y la dependencia ajena.

Después de más de seis décadas de comunismo, el Estado cubano ha fracasado estruendosamente, se ha descompuesto, se ha «desmerengado», para citar a Fidel Castro. No organiza nada más, no produce nada, no protege a nadie, no representa más que fracaso, pérdida, no existencia. Solamente impone, raciona y sobrevive como un cascarón de estructura hueca, mantenida mediante la fuerza y el terror.

No obstante, en medio de ese descalabro, aparece algo nuevo: la posibilidad real de construir una sociedad sin Estado, desde abajo, desde la propiedad, desde el intercambio, desde la acción directa de individuos libres.

Cuba, paradójicamente, ofrece hoy el mejor terreno para sembrar una sociedad neocapitalista, profundamente capitalista y próspera, por las razones siguientes:

1. El Estado ha perdido legitimidad moral, capacidad funcional y prestigio internacional.

2. La economía centralizada ha colapsado y la población ya sobrevive gracias al mercado negro, el trueque, las redes informales y la propiedad clandestina.
3. Los cubanos han dejado de esperar justicia, salud o seguridad del sistema oficial y ya crean —timoratamente, es cierto— soluciones espontáneas e independientes para proteger, cuidar y resolver conflictos.
4. Las generaciones más jóvenes no poseen una ideología estatista: tienen hambre, lucidez y necesidad de soluciones reales. Solo hay que ver los vídeos de los jóvenes, apresados hace poco, de El4tico, entre otros grupos que actúan en soledad, como la joven Anna Bensi.

No habría que tomar el poder. Hay que renunciar al mismo y organizar la libertad desde la individualidad económica y la existencia misma como individuo.

No hay que redactar otra constitución. Hay que reconocer el derecho natural y practicar ese derecho, de la existente, que pudiera ser modificable.

No hay que esperar elecciones basadas en infravalores antiguos. Hay que actuar libremente, producir, intercambiar, defenderse y asociarse voluntariamente; autoorganizarse y gobernarse.

Cuba puede convertirse, no por decreto sino por necesidad y convicción, en el primer territorio postestatal y neocapitalista del continente americano.

Un territorio sin Gobierno central, sin partido único, sin banco central, sin Constitución impuesta desde un gobierno central, con el mínimo de orientación ministerial.

Solo personas libres que producen, comercian, acuerdan, se protegen y se organizan mediante contrato, no por imposición; en camino hacia una revolución profundamente neocapitalista.

Donde el Estado fracasa, la libertad puede surgir sin contemplaciones. Y allí donde la libertad resurge mediante propiedad y contrato, nace una nueva civilización, una esperanza inédita.

# LLAMADO A LA ACCIÓN

El neocapitalismo no es una utopía futura; es una práctica presente. Cada acto de producción libre, cada intercambio voluntario y cada contrato sin coacción son pasos hacia una sociedad con Estado mínimo.

En Cuba, donde el Estado ha perdido legitimidad y funcionalidad, se presenta una oportunidad única para construir un orden social basado en la propiedad privada, el derecho natural y la cooperación voluntaria.

No me agrada imponer orientaciones, pero puedo facilitar pasos para actuar:

1. Prepararse intelectual, física y estratégicamente para la restauración y defensa del respeto a la propiedad privada. Saber pensar mediante el conocimiento y saber defenderse físicamente es importante.
2. Fomentar la economía informal, aunque respetando la libre y voluntaria producción, intercambio y contratación de bienes y servicios.
3. Rescatar el valor del respeto a la palabra empeñada y el compromiso escrito; un contrato es ley. Un contrato son valores, si lo suprimes estás suprimiendo tu derecho a exigir cualquier derecho frente a ti mismo.
4. Practicar la creación de normas y reglamentos en el seno de la familia, negocio o comunidad, que sean respetados voluntaria y conscientemente.

5. Implementar mecanismos de resolución de conflictos a través del arbitraje de terceros imparciales, preferiblemente familiares.

6. Organizar redes de producción y comercio independientes, basadas en la cooperación voluntaria remunerada y el respeto mutuo.

7. Establecer sistemas de justicia y seguridad fundados en acuerdos personales y principios de restitución, desde una moralidad, un compromiso.

8. Difundir las ideas del neocapitalismo y el derecho natural, educando y compartiendo conocimientos que promuevan la libertad individual.

9. Rechazar la coacción estatal y los monopolios impuestos, optando por alternativas libres y voluntarias en todos los aspectos de la vida.

10. Participar en comunidades y foros que promuevan el neocapitalismo, compartiendo experiencias y estrategias para fortalecer el movimiento hacia la prosperidad.

11. Organizar y asistir a eventos, talleres y conferencias que difundan los principios del neocapitalismo y fomenten la colaboración entre individuos afines, rechazando desde luego cualquier idea tribal de organización.

12. Utilizar plataformas digitales y redes sociales para amplificar el mensaje, crear contenido educativo y conectar con una audiencia más amplia.

13. Como neocapitalista, se puede devenir libre de participar en toda iniciativa política, económica o militar que se considere válida en la lucha por la libertad de Cuba, siempre que tu objetivo final sea el respeto irrestricto a la propiedad privada.

No se debieran esperar permisos ni reformas. La libertad no se otorga, se defiende, se manifiesta y se ejerce.

Desde hoy debiéramos construir una sociedad neocapitalista donde la libertad y la propiedad sean los pilares de la convivencia.

# PRINCIPIOS Y CÓDIGO ECONÓMICO DEL NEOCAPITALISMO

ARTÍCULO 1: LEY DE LA ACCIÓN HUMANA.

Toda acción humana es intencional y orientada a fines, basada en elecciones subjetivas para alcanzar objetivos específicos mediante el uso de medios disponibles.

ARTÍCULO 2: LEY DE LA PREFERENCIA TEMPORAL.

Los individuos valoran más la satisfacción presente que la futura, prefiriendo bienes y servicios disponibles en el corto plazo sobre los mismos en el largo plazo.

ARTÍCULO 3: LEY DEL VALOR SUBJETIVO.

El valor de los bienes y servicios es determinado por las valoraciones individuales y subjetivas de los actores, no por características intrínsecas ni por el trabajo incorporado.

ARTÍCULO 4: LEY DE LA UTILIDAD MARGINAL.

La utilidad de un bien disminuye a medida que se incrementa su disponibilidad; cada unidad adicional proporciona menos satisfacción que la anterior.

ARTÍCULO 5: LEY DE LA PROPIEDAD PRIVADA.

La propiedad legítima se origina mediante la apropiación original y el trabajo propio sobre recursos previamente no poseídos, y se transfiere exclusivamente por intercambio voluntario.

ARTÍCULO 6: LEY DEL ORDEN ESPONTÁNEO.

El orden social y económico emerge de manera espontánea a través de las interacciones voluntarias de individuos libres, sin necesidad de imposiciones centrales.

ARTÍCULO 7: LEY DE LA LIBRE CONTRATACIÓN.

Los contratos voluntarios entre partes competentes son la base de las relaciones económicas y deben ser respetados y ejecutados según lo acordado.

ARTÍCULO 8: LEY DEL CÁLCULO ECONÓMICO.

El cálculo económico racional es posible únicamente mediante precios de mercado libres que reflejen las valoraciones subjetivas de los individuos.

ARTÍCULO 9: LEY DEL DINERO SANO.

El dinero debe surgir del mercado como medio de intercambio aceptado voluntariamente, sin imposición estatal ni manipulación de su oferta.

ARTÍCULO 10: LEY DEL INTERÉS COMPUESTO.

El ahorro y la inversión a lo largo del tiempo generan rendimientos acumulativos, incentivando la acumulación de capital y el crecimiento económico.

ARTÍCULO 11: LEY DEL FLUJO DE CAJA Y LA AMORTIZACIÓN.

La gestión eficiente de los recursos requiere planificación financiera que considere ingresos, egresos y depreciación de activos para mantener la solvencia.

ARTÍCULO 12: LEY DE LA DIVISIÓN DEL TRABAJO.

La especialización y cooperación entre individuos en tareas específicas aumenta la productividad y la eficiencia económica.

ARTÍCULO 13: LEY DE MEDIOS ECONÓMICOS VS. MEDIOS POLÍTICOS.

La obtención de recursos mediante intercambio voluntario (medios económicos) es superior y moralmente legítima frente a la obtención por coacción o redistribución forzada (medios políticos).

ARTÍCULO 14: LEY DE LA INFLACIÓN.

La expansión artificial de la oferta monetaria por parte de entidades centrales reduce el poder adquisitivo del dinero, distorsiona los precios y perjudica el ahorro.

ARTÍCULO 15: LEY DEL ORDEN NATURAL.

Las normas y leyes emergen de las costumbres, prácticas y acuerdos voluntarios entre individuos, conformando un orden jurídico basado en la propiedad y la no agresión.

ARTÍCULO 16: LEY DE LA JUSTICIA Y DEFENSA PRIVADAS.

La provisión de servicios de justicia y defensa puede ser realizada eficientemente por entidades privadas en competencia, respetando los principios de propiedad y voluntariedad.

ARTÍCULO 17: LEY DE RESOLUCIÓN PACÍFICA DE CONFLICTOS.

Los conflictos deben resolverse mediante negociación, mediación o arbitraje voluntario, evitando la violencia como medio de solución.

ARTÍCULO 18: LEY DE LA DEMOCRACIA DEL MERCADO.

El mercado libre permite a los individuos «votar» con sus decisiones de consumo, reflejando sus preferencias sin necesidad de imposiciones colectivas.

ARTÍCULO 19: LEY DE LA COOPERACIÓN SOCIAL PACÍFICA.

La interacción voluntaria en el mercado fomenta la cooperación pacífica entre individuos, en contraste con la coerción inherente a las estructuras estatales.

ARTÍCULO 20: LEY DE LOS DERECHOS NATURALES.

Todo individuo posee derechos inalienables a la vida, la libertad y la propiedad, que deben ser respetados y protegidos sin excepción.

ARTÍCULO 21: LEY DEL DERECHO CONSUETUDINARIO.

Las normas jurídicas legítimas emergen de las prácticas y costumbres aceptadas por la comunidad, en lugar de ser impuestas por autoridades centrales.

ARTÍCULO 22: LEY DE LA NO EXPLOTACIÓN EN EL LIBRE MERCADO.

En un mercado libre, las relaciones económicas se basan en el consentimiento mutuo, eliminando la posibilidad de explotación sistemática.

## Artículo 23: Ley de la No Existencia de Dictaduras en el Libre Mercado.

La competencia y la elección voluntaria en el mercado impiden la concentración coercitiva de poder, haciendo inviable la existencia de dictaduras económicas. Nada de esto ha florecido de manera espontánea en mi mente, ha sido leído y estudiado en libros de expertos en economía, de sus comentarios y conversaciones, y de ensayistas que han abundado en el tema. Es importante estudiar, leer, oír a los que saben más que uno, o tanto como uno puede llegar a saber.

# OSCURA ISLA EN OSORBO

El *osorbo* (brujería) que le han echado a Cuba, aquella isla, no tiene comparación con nada. Lleva años en semioscuridad, pero ya hace unos días estuvo (nadie sabe hasta cuándo) completamente a oscuras de una punta a la otra. El presidentico títere nombrado a dedo por el tirano alcohólico anunció que no estaban en condiciones para alumbrar nuevamente al país. ¿Cuándo han estado en condiciones de algo que no sea de destruir? ¿Cuándo se ha sabido algo certero en Cuba desde 1959 hasta la fecha? Nunca. De modo que es probable que los cubanos vuelvan a tener electricidad para las calendas griegas, lo que ya es un decir. Mientras tanto, los niños mueren de hambre, y los presos políticos enfermos, a los que no se les da la atención médica requerida, se les termina asesinando en las cárceles, como el caso de Gerardo Díaz Alonso, de 35 años, que ha dejado una familia con dos hijos pequeños.

Cuba arrastra más de medio siglo de comunismo, o sea, de eso que llaman «justicia social». Thomas Sowell describió y aclaró el concepto de la siguiente manera: «La envidia alguna vez fue considerada como uno de los siete pecados capitales antes de convertirse en una de las virtudes más admiradas bajo su nuevo nombre: Justicia Social». La envidia, cuando se disfraza de justicia social, no solo puede acabar con el alma de un país, sino con el país mismo, con su ecosistema, con su existencia física real. Lo convierte en algo amorfo moralmente, en una mancha oscura, que no se deslíe más que a fuerza de plomo o drones. ¿Tendremos que reclamarle al Mossad y a Benjamin Netanyahu que a cambio de alguna parcela de tierra, de la isla de Pinos, antiguo proyecto con Israel en suspense, le meta candela como al macao a estos siniestros «justicieros sociales» panzudos?

Han resurgido las manifestaciones en aquella isla tras los últimos apagones de varios días seguidos, pero ya nadie mantiene la esperanza de que algo cambiará de forma radical con más pacifismo. Sobre todo porque la poca gente inteligente, con luces —nunca mejor dicho—, de ese desdichado país es muy consciente de que solo esquilmando, ahora a México, como hicieron con Venezuela, dejándolos en los huesos, podrán recibir un mendrugo de pan, así como contadas horas de alumbrones. Lo otro es que regresen los rusos, otrora soviéticos, hoy oligarcas, lo que ya está ocurriendo a pasos agigantados, con tal de que vuelvan a enviarnos sus latas fofas pasadas de fecha de vencimiento a cambio de soldados negros en la primera línea del frente, durante lo que dure la invasión a Ucrania.

Por si acaso, voy a poner el parche antes de que salga el grano: lo que sucede en Cuba no tiene nada que ver con el embargo norteamericano, que no es ni mucho menos bloqueo, tampoco embargo, es boicot comercial. Cuba además puede negociar con el resto del mundo, sobre todo con dos potencias mundiales, China y la propia Rusia. El Club de París le condona la deuda cada año, se trata de más de 300 millones de euros. ¿Dónde meten los esbirros esa suma tan importante de dinero? Es fácil adivinarlo, lo roban. También valdría preguntar qué hicieron con el dinero para la construcción de termoeléctricas que les donó Rusia en el 2015. Tampoco lo que ocurre en Cuba es algo inédito, es más bien cíclico.

A estas alturas la única solución es convertir en momias reales a los mandamases, porque momias políticas hace rato que son. Fuego y cenizas, limpiar de arriba abajo, a machete limpio. Pero eso lo tiene que decidir un solo líder: el pueblo mismo.

Duele mi país, llevo una vida entera con este dolor encajado no sé en dónde, quizás en cada partícula de mi cuerpo; duele porque Cuba se muere y desde la distancia también los exiliados agonizamos con ella. Muy pocos en el mundo hacen algo por liberarla y revivirla.

Allá en medio de la oscuridad, apagadas en el mar, tenemos nuestras cruces.

# RESPUESTA A ELLIOTT ADAMS

Hace menos de un año AméricaTeVe Miami entrevistó a quien es considerado una figura emblemática de la política estadounidense, el señor Elliott Abrams. Confieso que, pese a que el locutor, Juan Manuel Cao, como es usual en él, se tiró flores encima comparándose con Oriana Fallaci (yo que conocí personalmente a Fallaci puedo atestiguar que no hay nada más lejano de la periodista italiana que el cubano Cao), la entrevista me decepcionó más por las respuestas del señor Abrams que por las preguntas correctísimas del presentador.

La entrevista en verdad no es nada del otro jueves, y las respuestas del entrevistado solo confirman lo que la mayoría sabe—si no se ha enterado todavía debiera hacerlo—, que Estados Unidos y sus gobiernos sucesivos se han burlado del pueblo cubano y continúan en ese empeño.

No voy a detenerme a desmenuzar la entrevista, pues la podrán ver en YouTube. Pero sí aclararé desde luego una de las respuestas mediante algunas precisiones necesarias, o sea, esa en la que míster Abrams afirma que «Cuba no es peligrosa».

Por supuesto que Cuba no es peligrosa, ni nunca lo ha sido para nadie y mucho menos para los propios cubanos; salvo cuando los norteamericanos notaron que allá por los años cincuenta la isla podía ser considerada una concurrencia mayor para Las Vegas y sus casinos. Cuba crecía económicamente a tal punto que en 1957 se convirtió en la tercera economía de la región junto a Argentina y Venezuela. Claro, eso Estados Unidos no podía admitirlo, entonces hicieron lo que siempre hacen, decidieron desestabilizar al Gobierno, sacar «al negro del poder», y colocar a Fidel Castro. Solo tienen que leer el libro *El Cuarto Piso*, del exembajador norteamericano Earl E. T. Smith, y además ver otra entrevista en YouTube en el canal de *Constitución del 40*, que comprueba cómo a través de la prensa y del periodista Herbert Matthews, Estados Unidos relevó y levantó la figura desconocida de Fidel Castro a niveles internacionales para lograr sus propósitos. Claro que Cuba no es peligrosa desde que Fidel Castro desarmó al pueblo con su recordada y nefasta frase «¿armas para qué?»; y mucho menos constituye un peligro ahora, que más de seis décadas más tarde de tiranía comunista ese mismo pueblo y sus herederos se desmayan hambrientos y extenuados, sumidos en la soledad más espantosa solo comparada a la de los judíos.

Lo que no destaca el señor Abrams es que el castrocomunismo que ellos mismos ayudaron a implantar en Cuba, tal como me reafirmó él en una ocasión, para que Cuba se convirtiera en el ejemplo a no seguir en la región, semejante a una especie de parque temático o de diversiones donde la gente se mataba de solo subirse a un aparato; ese castrocomunismo, renombrado posteriormente por el propio Castro I como socialcomunismo, sí ha sido sumamente peligroso. Tal vez no de inmediato para los norteamericanos, pero desde el primer día sí que lo fue para los cubanos, y la prueba es la cifra de muertes que se pueden encontrar en el *Libro Negro del Comunismo*. Pero los muertos cubanos no parecen interesarle a Míster Abrams.

El socialcomunismo castrista de Cuba, pese a ese gran peligro regional convertido en pocos años en amenaza mundial, no le importó ni le importa nada a los norteamericanos, porque seguimos siendo para ellos un gracioso experimento al que no debieran prestarle demasiado atención, salvo si agrediera su actual bastante malograda sociedad y economía.

Sin embargo, el castrocomunismo fue un peligro mundial cuando la Crisis de los Misiles, época en la que Fidel Castro y la URSS estuvieron a punto de provocar la Tercera Guerra Mundial. El castrocomunismo fue un peligro cuando, haciéndoles el trabajo sucio a los soviéticos, Cuba emprendió en África una guerra injerencista donde murieron miles de africanos, no solo bajo tiroteos y bombardeos, también mediante armas químicas que arrasaron con aldeas y tribus de ese continente, poniendo a hermanos contra hermanos. El número de muertes de la parte cubana seguramente a Abrams tampoco le importe mucho y no lo considere más que como un daño colateral.

El castrocomunismo fue y sigue siendo un peligro en Chile, Granada, Nicaragua, Venezuela, Argentina, Colombia, Brasil, Colombia y México, pero, y eso Abrams debiera señalarlo, también en Oriente Medio. Sin contar la infiltración en Estados Unidos por los agentes comunistas cubanos, y la desestabilización actual en España mediante agentes encubiertos y destapados, diplomáticos y no. Y, ahora mismo, la tiranía castrista sigue siendo un peligro para la estabilidad en Europa cuando en la guerra de Ucrania el régimen se ha puesto del lado de Vladimir Putin y de la Rusia neonazi; recuerden que Sergueï Lavrov ha visitado Cuba en tres ocasiones desde los inicios de esta invasión rusa para estudiar la posibilidad de usar a Cuba y a los cubanos como aliada preferencial; de hecho, jóvenes soldados cubanos, en buena medida negros, han sido enviados a la primera línea del combate en contra de los ucranios y del lado ruso.

De modo, señor Elliott Abrams que, si Cao no se lo dijo en su cara, se lo escribo yo aquí: miente, como llevan mintiendo otros estadounidenses al igual que usted acerca de Cuba, como llevan usando a la oposición real y ninguneándola, imponiendo una falsa oposición para conseguir junto con el régimen un cambio-fraude de un socialcomunismo a un socialismo *fraudeligth.* El régimen comunista cubano no solo constituye un enorme peligro, sino que representa la cabeza de la Hidra, del monstruo, al que ustedes saben muy bien que habría que descabezar si quisieran acabar con esta tragedia humana del comunismo. ¿Por qué no lo hacen? Solo ustedes lo sabrán, tanto demócratas como republicanos. Pero lo que yo sí sé es que como recién en Israel, y antes en Cuba, Afganistán e Irak, ustedes inextricable e invariablemente siempre traicionan.

# 67 AÑOS, Y CONTANDO...

Desde el 1 de enero de 1959, cuando el gánster universitario Fidel Castro y sus seguidores reemplazaron con el apoyo del Gobierno de Estados Unidos al nuevo presidente Andrés Rivero Agüero (ya Fulgencio Batista había terminado su mandato y había convocado a elecciones, celebradas en diciembre del 58), Cuba ha subsistido bajo el control de un régimen comunista liderado por la familia Castro y sus allegados. Han pasado más de seis décadas (67 años) y la isla sigue mal gobernada por una élite que, para muchos, opera como una mafia política, reprimiendo libertades y manteniendo al pueblo bajo estricta vigilancia y control, represión y muerte. Las características de este prolongado régimen comunista, el impacto en la sociedad cubana y la respuesta —o falta de ella— de la comunidad internacional todavía no se ha resumido final y correctamente.

El movimiento revoltoso de corte terrorista de 1959 prometió libertad, justicia y prosperidad. Nadie votó por eso, fue impuesto. Sin embargo, pronto se instauró un sistema de partido único, con represión sistemática de la oposición y dominio absoluto de los medios de comunicación. Fidel Castro, y posteriormente su hermano Raúl, concentraron el poder en un pequeño círculo, eliminando cualquier forma de disidencia mediante encarcelamientos, exilios forzados y, en muchos casos, desapariciones y asesinatos políticos en el mejor estilo marxistaleninista.

La economía fue nacionalizada, la propiedad privada abolida y cualquier intento de organización independiente fue duramente castigado. Las libertades individuales, incluyendo la libertad de expresión, reunión y prensa, quedaron restringidas. Esta estructura tiránica de poder se ha perpetuado a través de los años, consolidando una mafia familiar que muchos califican de «mafia castrocomunista».

La realidad para el cubano promedio ha sido marcada por la escasez, la vigilancia y el miedo. El Estado limita el acceso a los alimentos, la educación, la sanidad y el empleo. La libre movilidad está restringida tanto dentro como fuera del país, y quienes intentan salir suelen enfrentar represalias contra sus familiares, si logran escapar y antes no los apresan y son condenados a largas penas carcelarias.

La represión no solamente es política, sino también social y económica. Los Comités de Defensa de la Revolución (CDR) vigilan cada barrio, informando sobre cualquier conducta sospechosa. El G2 es una copia de la Stasi y la KGB. El acceso a internet y a información independiente ha sido históricamente prohibido, aunque en los últimos años el auge de las redes sociales ha permitido una ventana al mundo exterior y ha facilitado la organización de protestas, como las históricas manifestaciones del 11 de julio de 2021. El exilio es quien paga todo, y sigue siendo la mayor fuente de ingresos de los delincuentes en el poder.

A pesar de las denuncias de unos cuantos organismos internacionales de derechos humanos, la respuesta global ha sido, en muchos casos, tibia o insuficiente. Si bien Estados Unidos ha mantenido unas sanciones económicas y ha condenado la falta de democracia, otros países han optado por mantener relaciones diplomáticas y comerciales veladas con el régimen.

La Unión Europea, Sudamérica y otras regiones han oscilado entre la condena formal y la cooperación para ellos «pragmática». La narrativa de Cuba como símbolo de resistencia antiimperialista ha sido utilizada por algunos Gobiernos para justificar su apoyo, ignorando la realidad de la altísima y constante represión interna. España donó a la tiranía a mediados del 2025 la friolera de 375 millones de euros condonando así parte de la deuda de quienes oprimen al pueblo cubano. Además, la atención mediática internacional hacia la situación cubana ha sido intermitente, eclipsada muchas veces por otros conflictos globales.

A pesar de la represión, el pueblo cubano ha mostrado una capacidad admirable de resistencia; aunque en la actualidad se encuentra ahogado. Campesinos, artistas, periodistas independientes y activistas han desafiado al régimen mediante protestas pacíficas, campañas en redes sociales y llamados a la solidaridad internacional. Movimientos como el Movimiento Cristiano Liberación y el Partido Republicano de Cuba, y las protestas de julio de 2021, evidencian el hartazgo social y el deseo de libertad. En el 2021 más de 500 mil cubanos firmaron en la plataforma Change, reclamaban por una intervención norteamericana inmediata, a la que el Gobierno de Joe Biden se negó, cómo se han negado siempre las anteriores administraciones.

Sin embargo, la maquinaria represiva sigue siendo eficaz, y la falta de una respuesta contundente del exterior dificulta el cambio. El pueblo cubano es un pueblo desarmado frente a una fuerza militar desalmada, y armada hasta los dientes. La emigración masiva, especialmente de jóvenes, es una consecuencia directa de la falta de esperanza interna.

Cuba ha vivido 67 años bajo una tiranía que ha evolucionado en torno a la figura y los intereses de la familia Castro y su círculo más cercano. La represión, el control y la falta de libertades han marcado a generaciones de cubanos, mientras que la indiferencia —o complicidad— mundial ha permitido la perpetuación del régimen. Sin embargo, la historia ha demostrado que ningún sistema es eterno, y la voluntad de cambio sigue viva en el corazón del cubano de a pie. La solidaridad internacional, unida a la resistencia interna, será clave para el futuro de la isla.

Gracias a VOX y a Santiago Abascal, así como a Hermann Tertsch y la Fundación Disenso, nuestra causa sigue firme y siendo discutida en foros europeos. Estados Unidos, por el momento, ignora bastante el problema cubano y el nicaragüense. Todo el esfuerzo de liberación se ha volcado en Ucrania, Israel y Venezuela, y por causa inexorablemente. No lo dudo. Cuba y Corea del Norte son las dictaduras totalitarias comunistas más antiguas del planeta.

# POR UNA CUBA FUTURA
# DE FE Y VALORES

Una Cuba futura tal como la presiento, la veo, la palpo en sueños, y tal como quisiera que los cubanos la presintieran, la vieran, la tocaran, y ustedes al igual que yo, en el futuro, es posible. No estoy solamente por la intención de denunciar el horror, porque el mundo entero conoce de sobra el horror de Cuba desde hace más de sesenta y seis años y sus consecuencias sobre el mundo mismo, y no solo no han hecho nada, nos han dado la espalda, olvidándonos, salvo para puntualmente tirarnos una migaja; iré más lejos.

No voy a recordar lo que han hecho históricamente los cubanos por su libertad desde todos los ángulos y posibilidades, porque esas acciones patrióticas, el mundo también sabe de ellas y no es que las ha olvidado, porque el mundo inclusive se ha visto implicado peligrosamente, sino porque han querido ningunearlas y necesitan borrarlas. No denunciaré tampoco la cantidad de cubanos asesinados, fusilados, desaparecidos, encarcelados, entre los que se incluyen niños y bebés tras las masacres del Río Canímar y el Remolcador Trece de Marzo, así como la tragedia de Cayo Perro. No vengo a remover las conciencias, vengo a imponerles a sus conciencias una visión de una Cuba que volverá a ser la Llave del Golfo, la Perla del Caribe, el punto de eternidad de todas las Europas y las Américas desde una novedosa visión económica. Y que será todavía mejor, puedo prometerlo.

Empecemos por exigir a la Unión Europea que las ayudas económicas que brinda anualmente al régimen castrocomunista, que le permiten reprimir y masacrar al pueblo, se las entregue a la oposición política dentro y fuera de Cuba, mediante una Comisión de Sabios que estudie bien las vías y el modo de empleo de esas sumas. De tal modo, los 90 millones que la UE entregó este año al castrismo debieron ser enviados a la oposición y a los exiliados que consigan probar mediante obras y acciones que han destinado parte de sus fortunas individuales a la libertad de Cuba sin recibir nada a cambio —es muy probable que ninguno de esos honorables cubanos acepte nada de la UE, en ese caso la totalidad debiera ir directamente a la oposición interna—. Es un consejo que doy, porque el día en que seamos libres también será muy posible que frente a los procesos judiciales que serán presentados contra las organizaciones que han contribuido a la destrucción humana del país, estas deberán pagar, y desde luego pudieran quebrar y desaparecer. El mismo mensaje enviamos a los Gobiernos que contribuyen a la perdurabilidad de la tiranía, como es el caso de los Gobiernos socialistas y tibioderechistas sucesivos de España, Francia, y del resto de la UE, que como el de Pedro Sánchez, que en el año 2025 han condonado la deuda del castrismo enviando, como se puede observar en el sitio web de Moncloa, 372 millones de euros directos a los bolsillos de los criminales Castro y de su títere Díaz Canel. Todo lo que se la robado al pueblo cubano, al colaborar con distintas formas de esclavitud actuales, como la de esquilmar a los campesinos, la de los médicos usados como moneda de cambio, y la prostitución infantil mediante el turismo pedófilo, debe ser devuelto moneda a moneda, quilo a quilo, a los cubanos de a pie, y entre tanto a la oposición para que logre liberarse por vías auténticas.

No pretendo que nadie vaya a liberar a los cubanos, no es posible por lo que se ha visto por más de sesenta y seis años, pese a que Estados Unidos está en deuda con las Damas

Habaneras de la Cuba Española que entregaron buena parte de sus riquezas para lograr la independencia de Estados Unidos, lo que no creo que en aquella época hayan hecho muchos, quizás nadie más. No estamos pidiendo liberarnos, porque hemos tenido suficientes hombres de coraje que intentaron durante los años sesenta, los años setenta, y en cada una de las décadas, de forma armada y de forma pacífica, quienes no solo se quedaron solos, además los han tildado de barbaridades desconcertantes, hasta de terroristas, cuando los únicos que han luchado contra el terrorismo comunista han sido ellos, cuando los únicos terroristas y entrenadores de terroristas diversos han sido los Castro; por lo que también deberán pagar: a cada familia, a cada víctima, a cada asesinado de las FARC, de ETA, de la IRA, y HAMÁS (recuerden al Che Guevara en Siria), como de tantos otros, formados lo mismo ideológicamente que entrenados como asesinos. Nadie en Hispanoamérica ha luchado más por liberar al mundo del comunismo que los cubanos, eso hay que tenerlo en cuenta. A los Gobiernos libres de comunismo: cierren de una vez las embajadas castristas en sus países.

Es cierto que Estados Unidos ha estado ayudando, de forma equivocada tal vez, a organizaciones que tampoco han hecho mucho, de ahí que la USAID haya sido eliminada; pero con toda la fuerza de mi moral les habla aquí una que jamás recibió un centavo de ningún Gobierno para luchar por la libertad de Cuba y en contra del comunismo; por el contrario, ha perdido contratos, proyectos y dinero, además de ser objeto de demandas judiciales injustas, falsarias, puros inventos de la izquierda para destruir mi prestigio. Que ha recibido amenazas y ha padecido tentativas reales de muerte en el exilio, comprobadas. No pedimos más que lo que nos hemos ganado y nos merecemos. Estados Unidos y la USAID enviaron sumas importantes a supuestas instituciones basadas en Sudamérica que presuntamente luchaban desde la disidencia; es probable que conformen una red castrista que ha sabido convertir las organizaciones represivas masivas castristas en ONG fraudulentas en una operación de cambio-fraude, denunciada por Oswaldo Payá y que le costó la vida; como ha hecho la hija del dictador, Mariela Castro, con la CENESEX y la FMC, donde favorece a los homosexuales y a las mujeres a cambio de una militancia extrema a ultranza.

Estados Unidos también pudiera destinar, como adelanto, cantidades de esas multimillonarias sumas congeladas en bancos norteamericanos y que pertenecen al pueblo cubano y a la reconstrucción del país después del derrumbe del comunismo, para que los cubanos pueden organizarse bajo una economía independiente, aparte del Estado comunista, y empiecen a ser y a existir de forma excepcional como seres humanos, y no solo como míseros seres «cubanos» o *cagonios*. Porque «ser es defenderse», como escribió Ramiro Maeztu, porque para Cuba ya es hora, desde hace mucho rato. Aunque lo alcancemos solos, sin nadie, o conducidos por esa idea occidental de Hispanidad, que fue la única fuerza que a la larga permitió el mejor mestizaje de todos los tiempos. Finalmente, los cubanos deben volver a su fe, a Dios, a los valores de la fe cristiana, a la verdad y a la compasión. A la libertad y vida, que es patria y felicidad.

# CUBA, LA CABEZA DEL NARCOTERRORISMO

Cuba, la isla caribeña situada a solo 145 kilómetros al sur de Florida, ha sido durante décadas foco de discusiones internacionales relacionadas con la seguridad, la política y la economía de la región. Entre los debates contemporáneos más complejos y polémicos se encuentra el tema del narcoterrorismo: un concepto que mezcla las actividades ilícitas del narcotráfico con acciones terroristas para influir poderosa y negativamente en sociedades y Gobiernos. ¿Qué papel juega Cuba en este entramado? ¿Existen pruebas reales de una participación sistemática del Gobierno cubano en redes de narcotráfico y terrorismo?

El término «narcoterrorismo» surge a finales del siglo XX para describir la convergencia entre el tráfico de drogas y estrategias violentas o terroristas. En Iberoamérica, países como Colombia y México han sido históricamente asociados con este fenómeno, debido a la presencia de organizaciones criminales que utilizan el terror para proteger sus intereses y expandir sus operaciones. Sin embargo, la aplicación de este término a Cuba implica casi siempre, por no decir, siempre, una revisión cuidadosa de los hechos y de la historia política de la isla. Cuba es quien proporcionó una ideología y un modelo para que el caldo de cultivo del narcoterrorismo fuese enteramente eficaz; además, el régimen castrista creó en los años ochenta un sistema modulativo para usar su participación con carácter injerencista en guerras extranjeras e introducir el narcoterrorismo o diamante-terrorismo como moneda de cambio favorable a sus propósitos y enriquecimiento individual de los jerarcas comunistas. Traficar y asesinar fueron convertidos por los líderes castristas en una especie de arma vengativa contra los sistemas capitalistas.

Tras el triunfo de la revolución castrista en 1959, el nuevo sistema liderado por Fidel Castro se consolidó como uno de los regímenes socialcomunistas más longevos del hemisferio occidental. El aislamiento impuesto por el embargo estadounidense y las relaciones tensas con otros países de la región colocaron a Cuba en una posición compleja, aunque preferencial ideológicamente debido a las causas típicas de la izquierda: justicia social, lucha antiimperialista, etcétera. A pesar de desafíos económicos y políticos, el país ha mantenido una red de relaciones internacionales con países aliados y ha sido protagonista en foros globalistas sobre seguridad y cooperación, además de crear el Foro de Sao Paulo, obra de Fidel Castro y Lula da Silva.

Al confiscar los negocios norteamericanos y romper con Estados Unidos, Cuba pasó a manos de la URSS y a depender enteramente del monolito comunista y de su modelo económico y sistema social. A lo largo de los años, el régimen ha enfrentado numerosas acusaciones provenientes de sectores políticos que buscan vincular a la isla con actividades ilícitas, incluido el narcotráfico. En los años ochenta, algunos informes de agencias estadounidenses afirmaron la existencia de rutas de tráfico de drogas que atravesaban el territorio cubano, supuestamente con la tolerancia o complicidad de funcionarios locales. Sin embargo, muchas de estas afirmaciones se han ocultado, por una razón u otra, y han sido refutadas por investigaciones independientes y por el propio Gobierno cubano, como no podía ser de otra manera. Inclusive si el propio Fidel Castro declarara en la ONU años antes que Cuba podía proponerse ser muy eficaz como estado terrorista (vídeo en YouTube), y que se creara el departamento MC (Moneda Convertible, que ellos mismos llamaron humorísticamente Mariguana Cocaína en sus círculos de poder), que al ser descubierto por Estados Unidos, Fidel Castro se desentendió en unos de esos actos histriónicos que acostumbraba a organizar. Juzgó a varios generales y secuaces suyos durante sucesivas noches televisadas, en lo que se llamó la Serie del MININT (Ministerio del Interior), y ejecutó mediante fusilamiento a varios generales y personas altamente implicadas y derivadas del régimen; a otros los condenó a cadena perpetua.

El papel de Cuba en el tráfico de drogas tiene que ver con la ubicación estratégica de Cuba en el Caribe, lo que la convierte, inevitablemente, en una región de tránsito potencial y exponencial para el tráfico internacional de drogas. No obstante, desde el punto de vista oficial, el régimen castrista ha mantenido una postura de presumible tolerancia cero frente al narcotráfico, aunque colaborando desde su liderazgo ideológico, relacionado potencialmente con Pablo Escobar, tal como manifestó Jhon Jairo Velázquez «Popeye», el jefe de los sicarios de Escobar, como se puede comprobar en sus declaraciones en vídeos de YouTube y en tribunales norteamericanos.

Una de las historias más oscuras del narcotráfico colombiano continúa siendo la participación del Gobierno de Cuba en las activas rutas de los años 80 que iban de Colombia a Estados Unidos. En la segunda entrega de la entrevista a «Popeye», jefe de sicarios de Pablo Escobar, cuenta cómo era transportada la cocaína por esa vía, con la ayuda deliberada de Fidel Castro, con quien el poderoso narcotraficante mantuvo una relación directa desde 1984. Según su versión, por la operación de narcotráfico los cubanos llegaron a ganar más de 100 millones de dólares. Reveló que una vez él mismo le entregó a Gabriel García Márquez, en el aeropuerto de Ciudad de México, una carta especial de Pablo Escobar dirigida a Raúl y Fidel Castro. De acuerdo con el testimonio de Popeye, Fidel Castro hizo de intermediario para que el Gobierno soviético le suministrara submarinos al cártel de Medellín para transportar cocaína con mayor seguridad a los Estados Unidos. «La ruta era costosa porque la cocaína llegaba por barco a México, porque solamente ellos recibían vuelos pequeños con 500 o 600 kilos pero con aviones de bandera mexicana. De México la droga entraba a Cuba y después iba en lancha rápida a Cayo Hueso, en la Florida», afirma Popeye. Sostiene la tesis de que la mafia mexicana de hoy no es más poderosa que la colombiana en los mejores tiempos de Pablo Escobar. El Cártel de Medellín llegó a asesinar a varios candidatos presidenciales, a un ministro de Justicia y dejó millas de muertos en atentados con bombas en los años 80 y 90.

En diversas ocasiones, Cuba ha colaborado con agencias internacionales en la intercepción de cargamentos ilegales y la detención de individuos relacionados con el crimen organizado, pero al mismo tiempo es lo que la ha mantenido siendo el cerebro fundacional y funcional del concepto y del método.

La legislación comunista cubana es severa respecto al uso, posesión y tráfico de drogas; sin embargo, la droga corre por las calles de La Habana, como la cocaína y la droga sintética llamada El Químico. En los años noventa, y con el mar en calma, los paquetes de cocaína llegaban al litoral habanero sin ningún tipo de problemas, lo que definía el nivel de permisibilidad y de transitabilidad a la vista de todos. Las personas condenadas por estos delitos enfrentan penas elevadas —como he citado—, y los controles fronterizos parecieran ser estrictos. Todo lo que forma parte de una jugada teatral magistral. Cuba ha firmado acuerdos de cooperación con países de la región, incluyendo Estados Unidos, en el intercambio de información y la lucha contra el narcotráfico; también es sabido que ese régimen puede estar firmando lo que sea y hacer absolutamente lo contrario, Estados Unidos lo ha permitido. De hecho, informes de la Oficina de las Naciones Unidas contra la Droga y el Delito han señalado que «los decomisos realizados por Cuba son consistentes con el compromiso del país en combatir este problema» —vamos, como si a estas alturas la ONU fuera una fuente confiable—.

A pesar de esos supuestos esfuerzos oficiales, han existido episodios que alimentan las sospechas y la narrativa de ser la «cabeza del narcoterrorismo». Uno de los casos más sonados fue el arresto y ejecución de Arnaldo Ochoa en 1989 —como ya he mencionado antes—, un alto oficial del ejército cubano, acusado de estar involucrado en operaciones de tráfico de drogas, diamante y marfil en África y Panamá. Este caso fue ampliamente cubierto por los medios internacionales y resultó en un proceso judicial que muchos calificaron de ejemplarizante, pero sobre todo lavó la imagen de Fidel Castro, el cabecilla mayor. Las autoridades sostuvieron que se trató de una acción para erradicar cualquier vínculo entre elementos internos y redes criminales, mientras que críticos argumentan que fue una maniobra política para enarbolar la «ejemplaridad» internacional de Cuba. Solo hay que ver la serie del MININT y sopesar las diferencias entre las primeras declaraciones de sus protagonistas con todo el *show* que vino después.

Otros informes de esta época, provenientes principalmente de agencias estadounidenses y medios opositores, han intentado vincular a altos funcionarios cubanos con cárteles de Colombia y México. Sin embargo, la evidencia directa y verificable es escasa, o sea, a Estados Unidos no le interesa para nada revelarlos porque el primero que le chivatea (delata) a Estados Unidos del narcotráfico es Cuba, aprovechándose de su posición de manejadora, en un intercambio de «me dejas liderar para yo poder delatarte a ti acerca de los que andan en el negocio», típico. El Gobierno cubano ha exigido pruebas concretas y ha respondido con una política de hipócrita «transparencia» en los casos judiciales relacionados con el narcotráfico, y sospechosamente Estados Unidos jamás ha presionado lo suficiente ni ha aportado las pruebas que debiera poseer.

En cuanto a Cuba y el terrorismo internacional, bien, la relación de Cuba con organizaciones consideradas terroristas por Estados Unidos ha sido otro punto de fricción. En el pasado, Cuba ofreció asilo político a figuras de movimientos revolucionarios en Iberoamérica, Estados Unidos y África, lo que llevó a que fuera incluida en listas negras de patrocinadores del terrorismo. Sin embargo, desde los años noventa, se cuenta el cuentecito de la tía Tata de que la isla ha dejado de apoyar abiertamente a grupos armados y ha optado por una diplomacia de diálogo y mediación, especialmente en conflictos como los de Colombia, donde Cuba ha servido como sede de «negociaciones de paz». Sí, la paz de los sepulcros, que ha conducido a un terrorista connotado a la presidencia de Colombia, y ha contribuido a lavar la cara del narcoterrorismo.

«No existen pruebas de que Cuba utilice el narcotráfico como herramienta de financiamiento o estrategia terrorista», comentan los simpatizantes de esta tiranía de más de 66 años que llegó al poder mediante el terrorismo violento, haciendo estallar bombas en cines y en hoteles, dejando miles de víctimas, lo que hacía el Movimiento 26 de Julio, el movimiento terrorista liderado por Fidel Castro que se apoderó de la isla en 1959. «Las acusaciones de "narcoterrorismo" suelen estar más relacionadas con campañas políticas y diplomáticas que con hechos verificables», que por demás parecieran intencionadamente ocultados. Las organizaciones internacionales y la mayoría de los Gobiernos del planeta reconocen —cómplices o ingenuamente— a Cuba como un Estado que coopera en la lucha contra el terrorismo y el crimen transnacional. Pero, qué se puede esperar de las organizaciones internacionales que ven a Cuba como un modelo a seguir, así como otra gran cantidad de Gobiernos que para granjearse la simpatía de los castrista, doblegados mediante el miedo —el terror— prefieren sostener una convivencia culpable y colaboracionista por su parte.

La persistencia de la narrativa que presenta a Cuba como «la cabeza del narcoterrorismo» responde en primer lugar, en gran medida, a los intereses geopolíticos y el contexto de confrontación con Estados Unidos, por mucho. Cuba pretende todavía ser el pequeño David que domine al gigante Goliath. El enfrentamiento con Estados Unidos es otro golpe de teatro del castrismo que a estas alturas utiliza cuando le conviene. Echar mano del término narcoterrorismo para describir la situación cubana implica asumir una postura política y una realidad apoyada por datos concretos que hasta ahora se han escondido con la complicidad de Estados Unidos, porque cómo de otro modo han incluido a Cuba en la lista de países patrocinadores del terrorismo. O sea, acepto tu galletazo, pero te mantengo ahí, como diversión.

Esta narrativa, basada exclusivamente en la realidad, tiene repercusiones en la imagen internacional de la isla, afecta positivamente sus relaciones diplomáticas y en nada limita el alcance de acuerdos comerciales y de cooperación; al contrario, solo es limitante hasta cierto punto con Estados Unidos. Lo que no ocurre así con el resto del mundo. La falsedad de que la inclusión de Cuba en listas de patrocinadores del terrorismo dificulta el acceso a servicios financieros internacionales y restringe la ayuda humanitaria deviene cómplice y admite la existencia cual pretexto de esa dictadura comunista a noventa millas de Estados Unidos. Además, impacta bastante ligeramente, apenas, en la percepción global sobre las políticas internas de Cuba y su compromiso con la seguridad regional.

Perspectivas contemporáneas y retos futuros: en la actualidad, Cuba enfrenta desafíos económicos derivados exclusivamente de esa tiranía y de su autobloqueo, la crisis energética y el endurecimiento de sanciones por parte de su incompetencia. La lucha contra el narcotráfico continúa siendo una prioridad para Estados Unidos, como se ve con Venezuela actualmente, salvo en relación con Cuba, especialmente ante el aumento de rutas alternativas que buscan eludir controles en otros países de la región. Al régimen castrista no lo toca nadie. La cooperación internacional, la modernización de sistemas de vigilancia y la formación de fuerzas de seguridad son parte fundamental de la estrategia castrista para fingir que afronta retos. Organizaciones globalistas de la agenda 2030 reconocen presumibles y falsos esfuerzos de Cuba y destacan la importancia de mantener canales de diálogo para lograr una solución integral al problema del tráfico de drogas, lo que no interfiere para nada en que se le adjudiquen ayudas millonarias a Cuba, como desde la Unión Europea, y desde España recientemente, 350 millones de euros, pese a que Cuba se beneficia de manera privilegiada de la explotación de Venezuela, a la que convirtió en una provincia —rica— más de la isla, a México, país al que dejará en los huesos, todavía peor, sin contar que negocia libremente con dos potencias económicas mundiales, China y Rusia, además de Canadá, Francia, pues el Club de París (66 países) le concede anualmente más de 400 millones de euros. Nada de ese dinero va a los intereses de los cubanos de a pie. Cuanto más ricos son los comunistas de la isla, más pobres son los cubanos y más reprimidos son.

El debate sobre Cuba y el narcoterrorismo no está marcado por mitos, intereses políticos y realidades complejas solamente, está zanjado por la mentira. El régimen de la isla ha sido acusado en distintos momentos de estar vinculado a redes criminales, la evidencia concreta es limitada porque no se ha deseado siquiera evidenciar y, en la mayoría de los casos, contrarrestada por acciones y políticas que demuestran el mentiroso compromiso cubano con la seguridad y la lucha contra el crimen organizado, mientras son ellos los cabecillas del crimen organizado.

El futuro de la isla respecto al narcoterrorismo dependerá de su capacidad para adaptarse a los cambios globales, será necesario fortalecer sus instituciones y mantener un equilibrio entre la seguridad interna y la apertura internacional, pero sobre todo dependerá de la libertad total de la isla del comunismo, que con toda apariencia Estados Unidos no desea, aunque lo exprese de boca para afuera. La que les escribe está curada de espanto, sé a consciencia cuál es el manejo; entiendo perfectamente que Estados Unidos, pese a tener a un secretario de Estado cubano, y a varios cubanos en este segundo mandato de Donald Trump, prefiera tumbar a Nicolás Maduro, antes que a los Castro, a los que tiene a tiro de dron a noventa millas. Ojo, he dicho «tumbar a Maduro», no al comunismo que ya se ha amparado ampliamente del país.

# RÉQUIEM

No es un Estado fallido, Cuba dejó de ser un Estado hace mucho tiempo para convertirse con la complicidad de todos y ante los ojos del mundo en una de las peores tiranías comunistas. Hace poco más de un año avisé de que Cuba agonizaba, moría; bien, han bastado pocos meses y una nueva presidencia en Estados Unidos, otras presidencias y movimientos conservadores en otras partes del mundo para asistir al crimen final segundo a segundo, sin que ninguno de estos nuevos proveedores de justicia, libertad y paz haga nada. Y Cuba sola no pudo.

Escribiré sobre la miseria, la desolación, que invade a mi país. Los niños caen como moscas, asesinados por hambre y enfermedades; los ancianos quedan muertos sentados en las aceras, nadie se atreve ni a tocarlos por temor al contagio. Cuba no existe más, es un hueco negro, una tumba repleta de cadáveres. La isla cayó más bajo que Haití y que cualquier otro país donde la miseria hizo enormes estragos. Pero en Cuba no fue la miseria, aquí fue el comunismo y su miseria moral y real quien masacró a una isla entera. «El comunismo mata más que el cáncer», acertó Fernando Arrabal; porque «el comunismo es el cáncer de la humanidad», canta Frankie Marcos & Clouds en su Marcha Anticomunista.

Hablaremos de los virus, importados de las guerras en las que no debimos participar porque no eran nuestras, también de esos virus escapados del laboratorio mismo del comunismo creado por Fidel y Raúl Castro en el Instituto de Biotecnología («la ciudad del futuro», decían), y de sus cómplices: cubanos, chinos, rusos y del resto del planeta, directa o indirectamente.

En los últimos años, Cuba ha enfrentado desafíos significativos por la presencia y diseminación de arbovirus, especialmente los virus del Chikunguña, Oropouche, Zika y Dengue. Estas enfermedades transmitidas por mosquitos han generado cero, ninguna preocupación, en el ámbito sanitario nacional e internacional. Se ignoró su capacidad de provocar brotes epidémicos y el impacto en la salud pública, las complicaciones clínicas asociadas. La salud pública es inexistente en Cuba, la insalubridad campea, se ha adueñado de toda la isla: calles almacenan basureros, focos de infección —se pueden ver en los vídeos de YouTube—. Cuba es el basurero mayor del mundo y de la historia.

El virus del Chikunguña es un arbovirus transmitido principalmente por los mosquitos *Aedes aegypti* y *Aedes albopictus*. Se caracteriza por fiebre súbita, dolores articulares intensos, cefalea y, en algunos casos, erupciones cutáneas. En Cuba, los primeros casos importados fueron reportados en la década pasada, lo que condujo tímidamente a la implementación de sistemas de vigilancia malamente reforzados para la detección temprana y el control vectorial. La transmisión autóctona se multiplicó, la constante movilidad de personas entre países del Caribe mantiene a la isla en estado de alerta. Esa alerta es de boca para afuera. Los médicos prefieren largarse antes que protestar; se les entiende, prefieren Miami antes que la prisión de Agüica o cualquier otra prisión. Cuba es una isla que cuenta con más prisiones que playas, bañada por más sangre de presos políticos que por agua de mar.

El virus Oropouche, menos conocido que los anteriores, es transmitido principalmente por mosquitos del género *Culicoides* y puede ocasionar cuadros de fiebre, dolor de cabeza, mialgias y meningitis viral benigna. Se han documentado brotes importantes en Cuba, la presencia de vectores competentes podrían favorecer la introducción y expansión de este virus en otras partes; ya arrasa en las cárceles donde mueren por decenas los presos políticos y los comunes. Las autoridades sanitarias ni vigilan ni se les espera de cerca ni de lejos; la posible aparición de casos importados fortalecen el terror entre médicos capacitados —cada vez menos para enfrentar el horror—. No hay cama para tanto enfermo (diría la canción), ni ataúdes para tantos muertos. Los enfermos se acumulan en los pasillos de insalubres clínicas y hospitales, los cadáveres se apilan y se les entierra en fosas comunes.

El virus Zika, también transmitido por *Aedes*, alcanzó notoriedad debido a su relación con malformaciones congénitas, especialmente la microcefalia en recién nacidos. No existe la vigilancia epidemiológica, las vacunas son mentiras como los medicamentos, no se permite detectar casos importados y algunos autóctonos porque se impide la publicación de cifras reales. Se han impulsado campañas politizadas masivas de control del mosquito y una miserable educación comunitaria también politizada, en la que ya nadie cree. La amenaza persiste y se recrudece, especialmente en mujeres embarazadas y en niños, las malformaciones empiezan a notarse. La isla de los milagros convertida en la isla de los adefesios por culpa de una tiranía y sus cómplices.

El Dengue es, sin dudas, el arbovirus más frecuente y preocupante en Cuba. Con la circulación de los cuatro serotipos, el país ha experimentado brotes periódicos que ponen a prueba el sistema de salud, un sistema totalmente colapsado. El Dengue puede presentarse en forma leve o evolucionar a Dengue grave, con riesgo de hemorragias y *shock* paralizante. La vigilancia activa brilla por su ausencia, la participación comunitaria en la eliminación de criaderos y la respuesta rápida ante los casos dejaron de ser pilares fundamentales de la estrategia nacional, a nadie le importa.

Los responsables han adoptado la indiferencia, han renunciado a un enfoque integral del control de estos arbovirus, abandonaron la vigilancia epidemiológica, ningunearon el control vectorial, la educación sanitaria y la investigación científica. Ninguna colaboración intersectorial y un nulo involucramiento de la población han agigantado la incidencia de estas enfermedades. La resistencia de los mosquitos a los insecticidas —si es que de verdad son insecticidas y no agua con no sé qué— constituye otra barrera. La globalización de la mentira acerca de Cuba continúa generando muertes y destrozando el país, que no es más que nada baldía.

La presencia de los virus Chikunguña, Oropouche, Zika y Dengue en Cuba ha resultado en el fin de un proceso de vida natural. Lo único sobreviviente es una tiranía panzuda y corrupta, asesina, orgullosa de sus crímenes. La prevención, la detección temprana y la respuesta eficaz son esenciales para evitar brotes y minimizar el impacto en la población, aunque frente al comunismo todavía nadie ha curado la ceguera que provoca. La cooperación internacional, la vigilancia científica y la participación ciudadana debieron haber sido fundamentales para enfrentar estos virus emergentes y reemergentes en la isla, pero para prevenir el comunismo y sus consecuencias no hay medidas que se puedan adoptar.

La traición de Estados Unidos, y de los políticos cubanoamericanos del Tea Party, de MAGA, y de lo que sea, o de lo «p'a lo que sea, Trump, p'a lo que sea», ha sido evidente en una conga cómplice. Les importa más cualquier otro país que Cuba. Ni siquiera sé si les importa Estados Unidos y la tan cacareada paz mundial. Ahora el nuevo *show* se concentra en Premios Nobeles y en medallas entregadas al albur, sobre todo al último estafador escapado de la isla con la complicidad del régimen. Cuba murió, la mataron todos.

# REFUGIO DE TERRORISTAS
# Y PEDÓFILOS EN TIEMPOS
# DE JEFFREY EPSTEIN

El tema de figuras públicas envueltas en delitos graves y la supuesta utilización de ciertos países como refugio para criminales ha sido objeto de debate internacional. Obviemos a los delincuentes y terroristas estadounidenses y europeos que a lo largo de seis décadas el régimen castrista ha protegido y escondido en la isla caribeña, además de en numerosos casos entrenarlos como terroristas. La trayectoria y controversias de Gary Glitter, notorio pedófilo, el caso de Martiño Ramos Soto, más recientemente, y las acusaciones que vinculan a Cuba como destino para pedófilos dan fe de ello. Ofrezcamos una visión informada sobre cada asunto, sin incurrir en especulaciones ni difamaciones, y reflexionando sobre el impacto social y legal de estos fenómenos.

Gary Glitter, cuyo nombre real es Paul Francis Gadd, fue una figura icónica de la música *glam rock* en los años setenta. Su carrera estuvo marcada por éxitos como «Rock and Roll (Part 2)», que le dieron fama internacional. Sin embargo, su legado musical quedó opacado tras ser condenado en varias ocasiones por delitos relacionados con abuso sexual de menores. Glitter fue arrestado por primera vez en el Reino Unido en 1997, tras descubrirse material ilegal en su ordenador en el que aparecían fotos con menores en Cuba, y posteriormente enfrentó condenas en Vietnam por delitos similares. Su historia ilustra cómo la fama puede encubrir durante años conductas criminales, y cómo la presión mediática y social finalmente puede conducir a la justicia.

A la edad de 55 años, en el año 2000, Gary Glitter conoció en Cuba a la niña de once años María Elena González, cuando esta se bañaba en una piscina, le cantó al oído uno de sus *hits*, y le comentó que estaba seguro de que ella era la niña más linda del mundo. Al descubrir que la niña pertenecía a una familia sumamente pobre, intentó seducirla con promesas de éxitos y lujos. Al mismo tiempo engañó a Alicia, la madre de 33 años de la niña, usando a su novia cubana, nacionalizada inglesa, llamada Yudenia. Ambos prometieron a la familia de María Elena que convertirían a su hija en una modelo internacional. Invitaban a los niños a la residencia del inglés en La Habana, a María Elena, y a su hermanito Antonio, de 9 años, les brindaban un trato especial y de manera casual les ponían vídeos pornográficos. De ahí pasaron a filmar a la niña en secreto. A su regreso a Londres, la computadora de Glitter se descompuso, al llevarla a reparar fue que encontraron todo el material entre vídeos y fotografías. Glitter fue juzgado, pasó cuatro meses en prisión, salió liberado tras «buen comportamiento»; además de que la embajada castrista en Londres se negó a presentar cargos en su contra. Aquí tienen la referencia: (https://zoepost.com/el-pedofilo-gary-glitter-cree-que-un-psicopata-podria-atacarlo-si-lo-trasladan-a-una-prision-abierta-numerosas-victimas-en-cuba-y-con-un-hijo-en-la-isla/).

Martiño Ramos Soto es un nombre que circuló últimamente en ciertas discusiones públicas y foros digitales. Había sido juzgado y acusado en España por violar a una niña y tratarla de manera brutalmente violenta. Prófugo de la justicia buscó y encontró refugio en La Habana; bajo seudónimo, Martín Soto trabajaba de «fotógrafo erótico». El medio BBC informó que Martiño Ramos Soto, de 50 años, había sido condenado por la Audiencia de Ourense, Galicia, a 13 años y medio de cárcel por abusar y violar a una alumna menor de edad. El lunes fue detenido en La Habana, Cuba, tras pasar alrededor de cuatro meses «oculto» -en una isla comunista donde nadie puede andar oculto. «Las autoridades de Cuba han informado esta tarde de que el prófugo Martiño Ramos ha sido detenido con el apoyo de la Consejería de Interior», informó en la red social X la Policía Nacional. «Tenía una Orden Internacional de detención por agresión sexual agravada a una menor de edad», agregó. Su arresto, llevado a cabo por la Policía Nacional Revolucionaria de Cuba (PNR), se produjo después de que el 30 de octubre la Audiencia de Ourense dictara una orden internacional de detención para extraditarle. Un día después de que se emitió la orden, el Gobierno de España solicitó formalmente su extradición. Para entonces, según informaron los medios, la PNR era consciente de la presencia del fugitivo en la isla tras su estancia de meses.

Cuba ha sido mencionada en diversas ocasiones como un posible refugio para personas buscadas por la justicia internacional, incluyendo pedófilos y delincuentes. Esta percepción se alimenta de la historia política de la isla, su sistema judicial hermético y las tensiones con Gobiernos occidentales. Existen pruebas concluyentes de que Cuba promueve activamente la protección de criminales, se han dado casos de ciudadanos extranjeros residiendo allí tranquilamente tras enfrentar problemas legales en sus países de origen.

Es fundamental distinguir entre rumores y hechos comprobados, pero cada uno de estos sucesos han sido investigados y verificados. La cooperación internacional en materia de extradición y persecución de delitos varía según los acuerdos bilaterales y el contexto político de cada país. Cuba, como cualquier otra nación, tiene la responsabilidad de combatir el crimen y garantizar que su territorio no se utilice para evadir la justicia —lo que casi nunca hace en casos similares—.

La relación entre figuras polémicas como Gary Glitter, nombres asociados a controversias como Martiño Ramos Soto y las acusaciones sobre Cuba como refugio de delincuentes y criminales reflejan la complejidad de los debates sobre justicia, fama y responsabilidad internacional. Si bien es cierto de que resulta esencial que la veracidad se maneje con rigor y respeto a los principios legales, evitando la propagación de mitos y centrándose en la búsqueda de la verdad y la protección de las víctimas; lo mayormente importante es asegurar la protección total de las víctimas, de los menores, que se haga justicia frente a ellas, y que se cumplan a cabalidad las condenas para que estos nefastos acontecimientos no vuelvan a repetirse, ni en España ni en Cuba ni en ninguna parte.

En tiempos de los papeles de Jeffrey Epstein relacionados con su isla privada a donde fueron tantas personalidades del mundo entero a solazarse con aquellas Lolitas, no olvidemos que hubo otra isla, donde el futbolista Diego Maradona iba también a explotar sexualmente a las niñas y adolescentes; entre otras personalidades hubo hasta novelistas galardonados con premios importantísimos.

No olvidemos que el propio Fidel Castro declaró aquello de que «nuestras prostitutas son las más más saludables, cultas y preparadas del mundo».

# ALEJANDRO CASTRO ESPÍN: EL PUÑO DEL PODER EN LA SOMBRA

En la tensa y extremadamente compleja arquitectura del poder cubano, pocas figuras han sido tan enigmáticas y decisivas como Alejandro Castro Espín. Hijo de Raúl Castro y Vilma Espín, y sobrino del histórico tirano Fidel Castro, Alejandro, llamado el Tuerto, pues perdió un ojo en una de esas guerras injerencistas del castrismo, ha mantenido un perfil bajo, pero su influencia en la política de la isla es fundamental. Para muchos analistas y observadores, Miguel Díaz-Canel, el presidente visible de Cuba, no es más que un ejecutor de las directrices trazadas desde las sombras por la familia Castro, con Castro Espín como estratega principal, o sea, Díaz-Canel no es más que un títere.

Nacido en 1965, Alejandro Castro Espín es coronel del Ministerio del Interior, ingeniero y doctor en Ciencias Políticas. A lo largo de su carrera, ha ocupado cargos claves en la seguridad y la inteligencia cubana, consolidando una reputación como hombre fuerte y cerebral del régimen, un auténtico robot discípulo de Vladimir Putin, tal como se vio hace años en la única entrevista que dio en Grecia.

Su discreción contrasta con la notoriedad pública de su hermana Mariela Castro, activa defensora oportunista de los derechos LGBTIQ+ en Cuba —siempre que los homosexuales sean castristas—, y lo ha mantenido alejado de los reflectores, lo que alimenta las especulaciones sobre su verdadero alcance de poder en un cambio fraude en la isla alentado nada más y nada menos que por el Gobierno estadounidense. O sea, después de 67 años de férreo comunismo, tocaría el mismo quita y pon que desde la presidencia de Gerardo Machado, y la de Fulgencio Batista, se ha mantenido mediante la intervención estadounidense.

Desde la retirada de Raúl Castro y la ascensión de Díaz-Canel a la Presidencia, múltiples fuentes y analistas coinciden en que Alejandro Castro Espín desempeña un papel fundamental en la toma de decisiones estratégicas. Se le atribuye la coordinación de los aparatos de seguridad, Inteligencia y control político, así como el diseño de las políticas represivas que han caracterizado los últimos años en la isla, incluyendo el asesinato de líderes opositores.

Castro Espín ha sido el artífice y elemento integral de la continuidad del castrismo, asegurándose de que el relevo generacional no implique una pérdida real de poder para su familia. En este sentido, Díaz-Canel aparece como una figura decorativa, un «pelele» al servicio de los intereses de los Castro, sin margen real de autonomía.

La comparación con Delcy Rodríguez, figura clave del chavismo en Venezuela que se ha destacado por su deslealtad y capacidad de maniobra política, no es casual. Alejandro Castro Espín representa para Cuba lo que Delcy significa para la Venezuela de Maduro: el operador de confianza, el guardián del macropoder narcorrevolucionario y el muro de contención ante cualquier intento de reforma que amenace los intereses de la élite gobernante.

No obstante, algunos analistas sostienen que esta labor de control y vigilancia no recae únicamente en Castro Espín, sino que pudiera ser compartida también con su hermana Mariela, aunque en esferas diferentes. Mientras Alejandro se ocupa de la seguridad y la política dura, Mariela ejerce influencia en los planos social e internacional, proyectando una imagen de apertura y modernización que sirve para maquillar el continuismo del régimen.

La presencia de Alejandro Castro Espín en la cúspide del poder cubano plantea interrogantes sobre el futuro político de la isla. Su capacidad para adaptarse a los nuevos retos y su habilidad para mantener unido el aparato estatal sugieren que el castrismo, lejos de extinguirse, se reinventa y pervive bajo nuevas formas y rostros, con el apoyo de la CIA, según diversas fuentes que refieren conversaciones celebradas recientemente.

Entretanto, Díaz-Canel sigue desempeñando su papel de presidente —de palo— institucional, mientras las decisiones claves se toman en un círculo mucho más cerrado, donde el apellido Castro sigue siendo sinónimo de poder absoluto y totalitario.

Alejandro Castro Espín sería la figura predominante para entender y dialogar —según Estados Unidos— el presente de Cuba. Su labor silenciosa y de ahí preponderante ha garantizado la perpetuidad de la dinastía Castro en la cúspide, aún en tiempos de cambio más anhelado que aparente. Como operador en la sombra, su influencia es comparable a la de los líderes comunistas más astutos de Sudamérica, aprendizaje adquirido entre KGB y oligarcas rusos; aunque invisible para muchos, sigue marcando para mal el destino de la isla caribeña.

Como dato importante: las negociaciones con la CIA no empezaron hasta que no pasa por La Habana Vladimir Kolokoltsev, el ministro del Interior ruso. No se trata de liberar un país, se trata de entretenerlo en su dolor hasta que llegue la otra Administración, entonces veremos...

# A ESOS HIJOS INDOBLEGABLES
# DE LA ISLA FUTURA

Queridos cubanos, hijos indoblegables de Cuba, tierra querida, isla donde nací. Les escribo porque necesitamos imaginarnos unos a otros y comunicarnos unos con otros, confrontar ideas mediante (por el momento) esta misiva; la que espero lean con atención, y amor por la libertad, la justicia y la vida, tal como ha sido escrita. Me dirijo a ustedes como cubana, subrayo: solamente como cubana.

Nuestro país posee una bella historia, plena de hallazgos, heroicidades, victorias humanas individuales y éxitos dignos que mucho nos han envidiado. Pero, a partir de 1959, la consistente y auténtica historia de aquella isla —lejana ahora de mí que vivo desde hace más de tres décadas en el exilio, al igual que numerosos compatriotas— se transformó en una pesadilla, y nos vendieron la mentira de lo contrario: de que la pesadilla había ocurrido antes de aquel año fatídico y que a partir de entonces iríamos a vivir en el paraíso.

Todo un pueblo imbuido de entusiasmo y propulsado por las predicciones de un loco se empeñó en crear ese paraíso; mientras el régimen comunista regido por una familia latifundista y mafiosa destruyó el alma de todo un país y edificó el infierno.

Más de sesenta y siete años después, once millones de cubanos malviven en el infierno rodeado de un mar teñido con la sangre de las víctimas del castrocomunismo. El 20 por ciento de su población lucha desde el exilio o el destierro para salvarles o aliviarles, de la manera que sea, incluso beneficiando sin desearlo, aunque sin remedio, al mismo régimen que los castigó a instalarse lejos de su patria.

Es hora de acabar con ese error convertido en horror e indignidad. Es hora de expulsar a la tiranía castrista del poder absoluto y de cualquier poder. Es hora de volver a apreciar la vida, a amar la libertad, a entender el genuino sentido de la justicia, y de regresar a la verdad y la dignidad de los hombres y mujeres honestos, a la verdad y compasión de Dios. Es hora de honrar a Dios y a la Virgen en nuestros héroes y en el más grande de todos los cubanos: José Martí. Es hora de obrar libres, sin rendición de cuentas a una ideología que los oprime desde hace más de seis décadas, esa ideología es la socialcomunista en su variante castrocomunista. Ha llegado la hora de retornar al orden y la ley de una Constitución vigente, la de 1940. Es hora de negar y enfrentar, de una vez y por todas, al socialcomunismo, y de ser libres de pensamiento y de acciones.

Nadie puede erigirse en líder como no sea el pueblo mismo, que el 11 y 12 de julio del 2021 probó que ustedes mismos encabezando la valentía con sus anhelos pueden ser sus propios líderes en una primera etapa, con las armas de la veracidad y con las ansias de libertad.

Al inicio dije que me dirigía a ustedes como cubana, e insisto en que así debe ser. No como escritora ni como artista, menos como intelectual. Si en una época me creí intelectual, hoy y con la experiencia que me asiste, puedo afirmar que desprecio bastante esa palabreja que define a tantos cobardes. Los intelectuales, sí, bienvenidos sean como seres humanos y como cubanos para hacer el bien, pero no para continuar imponiéndonos el tendencioso averno desde sus pedestales de aprovechados proyectos e intereses individuales, bajo mascaradas y *performances* de pacotilla.

Los campesinos cubanos han hecho más por la libertad de Cuba que todos estos intelectualillos al servicio del cambio-fraude que denunció Oswaldo Payá y que, desgraciadamente, cada día se hace más evidente.

Desde el 2007 no ha habido más que premios y viajes para esos que supuestamente se publicitan y venden como «salvadores de la patria» en un auténtico mercadeo de autointenciones banales. Todo para ellos. Nada para el pueblo cubano. Basta ya.

Puedo asegurar que si por un lado aborrezco y menosprecio profundamente a la tiranía castrocomunista, también por el otro desestimo y desdeño a todos los que han hecho de ese país una especie de Cuba Inc., descabezando a la legítima oposición y tratando de que el mundo confunda a los patriotas cubanos con los mercachifles del raulismo fraude *light*.

Para acabar con la tiranía en Cuba debemos tener muy claro que la entera y absoluta libertad no es negociable, y que no significará nunca pasar de un régimen comunista a otro régimen del mismo corte, con prebendas y estatus exclusivos para los recién arrimados que llegan a última hora y se autoproclaman, o los proclaman líderes. Aquí el único líder es el pueblo cubano. Lo demostró ampliamente el 11J.

Mucho menos debiéramos permitir que ningún intelectual foráneo aparezca y quiera imponer sus criterios supeditados a una ideología terrorista, e intercambiados por una participación o varias con los gastos pagos en una feria del libro en la que los escritores cubanos exiliados no pueden asistir porque se les censura y prohíbe, y tampoco los que viven en la isla contrarios al sistema, por la misma razón. Por muy «viajados» que sean y todo el cuento cansino «revolucionario», que ya aburre, no tienen ningún derecho a entrometerse en nuestras merecidas ansias de libertad; por supuesto, sistema «revolucionario» para ellos y desde lejitos, «involucionario» para los cubanos. No. Basta ya.

Cubanos, luchen por la libertad con las armas de su elección. Nadie puede arrebatarles el derecho a elegir esas armas ni las vías necesarias. En el instante en el que estamos, a estas alturas, nadie puede ya imponernos ni exigirnos nada como no sea que seamos libres. Luchen con fuerza dentro de esa gigantesca y espeluznante cárcel en la que han convertido a Cuba.

Los cubanos del exilio, los que no podemos regresar a la isla porque nos tienen prohibido el acceso a ella, como es mi caso, los apoyaremos con denuedo.

Lo que de ninguna manera apoyaremos ni aceptaremos es el cambio-fraude que nos quieren imponer desde el régimen y desde el gobierno de Joe Biden, Barack Obama desde las sombras, y Kamala Harris. Las riendas del destino de Cuba pertenecen y deben de estar en las manos de los cubanos que respetan su historia, y haciéndolo sabrán enfrentar el futuro.

¡Viva Cuba libre! ¡Viva la libertad! ¡Patria y libertad!

# SEGUNDA Y BREVE CARTA
# A MARCO RUBIO

Estimado compatriota, apreciado secretario de Estado de Estados Unidos, permítame enviarle las siguientes meditaciones sobre las negociaciones en torno a la libertad de Cuba:

Me dirijo a usted por segunda vez a través de esta carta, motivada por la profunda admiración que siento hacia su mente clara y su capacidad de análisis y acción. Desde mi primera misiva después de que se produjera el segundo mandado del presidente Donald Trump y que usted fuera nombrado, he seguido atentamente su labor y, tras su intervención en el Consejo de Seguridad en Múnich, no puedo sino reiterar mi respeto por su brillantez, exactitud y sabiduría. Su discurso en este importante foro internacional fue un ejemplo de liderazgo y compromiso, y acrecentó mi esperanza en un futuro mejor para los pueblos oprimidos, además de verle ya como un futuro presidenciable para Estados Unidos, y no soy la única.

Sin embargo, he de confesar que mi optimismo se vio seriamente golpeado tras leer el artículo publicado por Axios. En él se detalla que las negociaciones sobre la libertad de Cuba se estarían llevando a cabo entre usted y los herederos del castrismo-hijos y nietos, especialmente con el nieto conocido como el Cangrejo. Esta información me ha dejado perpleja y profundamente decepcionada.

¿Realmente no había nadie, vamos a decir, menos bajo, con quien negociar nuestra libertad? ¿Acaso nuestra lucha de décadas (casi siete ya), el sacrificio de tantos muertos, presos políticos y exiliados, merece ser humillada de una manera tan mezquina?

Comprendo la complejidad de las negociaciones internacionales y la necesidad de encontrar interlocutores válidos para avanzar en la causa de la libertad. Pero ruego que entienda mi sentimiento y el de muchos cubanos: la idea de que nuestro destino se dialogue con los mismos descendientes de quienes han perpetuado la tiranía castrocomunista resulta dolorosa y humillante. Es difícil aceptar que, después de tanto sufrimiento, la esperanza de cambio dependa de acuerdos viles y peseteros con quienes representan la continuidad de ese desastroso régimen.

Le pido encarecidamente que considere el sentir de quienes han sufrido directamente las consecuencias del comunismo en Cuba, expandido desde allí hacia el mundo, incluido Estados Unidos.

Ruego que todas nuestras voces, las de los exiliados, presos políticos, organizaciones políticas opositoras, y familias rotas, sean escuchadas y dignificadas en el proceso. Solo así, la negociación por la libertad de Cuba podrá tener sentido y honor. Y, sería una verdadera liberación con justicia y vergüenza, que honraría nuestra historia, a José Martí, y a la Virgen de la Caridad del Cobre, nuestra virgen mambisa.

# DIEZ PUNTOS PREVIOS PARA LOGRAR UN CAMBIO RADICAL DE SISTEMA EN CUBA A PONER EN PRÁCTICA DE INMEDIATO

**Movimiento Republicano Libertario Martiano**
**(movimientomartiano.com)**

Estos diez puntos concebidos el 16 de junio del 2021, antes de la sublevación general del pueblo cubano en la isla de Cuba contra la tiranía, fueron entregados en diversas instituciones competentes por mí: Asamblea Nacional Francia, Senado Francia, Casa Ducal de Luxemburgo, Unión Europea.Por cuanto, el régimen de Cuba desde más de 62 (ahora 67) años es una tiranía, un estado totalitario nazi comunista, con métodos criminales y de exterminio que usa idénticos métodos que usaron ambos sistemas de represión y muerte.Por cuanto, Cuba no necesita una transición con modelos de otras dictaduras. Cuba mucho menos necesita un cambio-fraude ni tampoco un plebiscito vinculante a estas alturas. Cuba necesita un cambio radical de régimen.Los diez puntos (inspirados en los 10 puntos de Maryam Rajavi por la libertad de Irán) para conseguir la libertad de Cuba son:

1.  Exigir al Club de París, principal financiador de la tiranía nazi comunista, con la intención de que pague la deuda que contrajo ese régimen con sus víctimas y con el exilio. Una deuda impagable en el plano deudor de los sentimientos, pero absolutamente posible de pagar para el Club de París, que durante décadas ha financiado a esa tiranía que nos ha oprimido y excluido, empobreciéndonos y endeudándonos. El Club de París debe saldar contante y sonante esta deuda con cada uno de nosotros, pues al sostener al régimen que oprime a los cubanos nos ha asfixiado imponiéndonos un bloqueo asesino y demoledor. Una demanda judicial pudiera ser prevista.

2.  Relanzamiento de los tribunales anticomunistas internacionales en La Haya con especial atención al caso cubano que, junto con Corea del Norte, es el régimen más largo en tiempo y más horrendo en crímenes contra la humanidad. Un Núremberg cubano es necesario.

3.  Tumbar y sacar por la vía que sea a la familia Castro y a los esbirros que los secundan, quienes también mandan desde todos los sistemas y estamentos de poderes dentro del país. Los cubanos han preferido hasta ahora la vía pacífica, pero hemos reunido pruebas suficientes que concluyen que esta vía por el momento no ha funcionado ni funcionará a estas alturas. Entonces, pedimos, exigimos, una intervención militar quirúrgica rápida e inmediata contra los puntos y sitios claves usurpados por ese régimen. Intervención militar humanitaria, pues toda intervención militar hasta ahora es considerada ante todo humanitaria.

4.  Prohibición en la isla, mediante el apoyo internacional, del Partido Comunista, del comunismo y de todos sus símbolos. En la Constitución alemana de 1949, se prohíben específicamente «los partidos políticos que conduzcan al totalitarismo». La Resolución 1481/2006 de la

Asamblea Parlamentaria del Consejo de Europa emitida el 25 de enero de 2006, durante su periodo de sesiones de invierno, señala que el Consejo de Europa «condena enérgicamente los crímenes de los regímenes comunistas totalitarios» equiparando el comunismo y los Estados comunistas con el fascismo y el nacionalismo por sus similitudes en los crímenes contra la humanidad, la ideología de odio y la tiranía de sus Gobiernos. El 18 de septiembre del año 2019, el Parlamento Europeo aprobó una resolución común sobre la importancia de la memoria histórica europea para el futuro del continente, en donde se condena expresamente los horribles crímenes cometidos por los comunistas en toda Europa sin excepción.

5. Conseguir que los grupos opositores presenten proyectos profundos y serios de cambios beneficiosos para Cuba y que vuelvan a situar a la isla en el plano internacional que merece, además se declaren como partidos políticos pequeños, aunque fuertes, y consigan mediante transición y Constitución del 40 (después se verían sus necesarias modificaciones), votación popular creando (vía Comisión de Sabios) un Gobierno con líderes probadamente anticomunistas. Cualquier acercamiento de alguno de esos líderes a la ideología comunista lo descalificaría como valor político. Una Comisión de Sabios —como en Francia durante el periodo del presidente Nicolas Sarkozy— sería nombrada para tal análisis y efecto.

6. Retomar la vigencia de la Constitución del 40 y estudiar la Constitución de 1901, con vistas a crear una nueva Constitución inspirada en las anteriores que funcione para los cubanos.

7. Retomar las riendas de la educación y de la salud, y que se devuelvan a lo privado con el sistema de urgencias y

atenciones conveniente de cualquier país capitalista desarrollado, incluido en el sector preferencial. Libertad de religión y de pensamiento, con atención especial a las prácticas que beneficien la vida, la cultura y la inteligencia, y se distancien del oscurantismo y la manipulación servil.

8. Ningún diálogo con la rémora del castrocomunismo. Relación de respeto con la Armada. Lo que se podría llevar a cabo en igualdad de condiciones con el ejército y con los líderes opositores, con los líderes del exilio, desde la oposición real; o con figuras de liderazgo inmediatos cuya culpabilidad o colaboración bajo la dictadura sea considerada menor a la representada por los Castro y sus esbirros, una vez que hayan reconocido frente los tribunales correspondientes de justicia sus faltas y hayan pagado con condenas por el daño perpetrado contra el pueblo cubano durante más de seis décadas. Las *performances* artísticas no deben ser consideradas respuestas y acciones políticas, sino actos de resistencia artística.

9. La Unión Europea y el resto del mundo debieran denunciar y eliminar de inmediato el sistema de *apartheid* económico y de todo tipo de *apartheid* en contra de los cubanos opositores y exiliados. Ese sistema de *apartheid* constituye un desprecio a nuestro país y lo tendremos en cuenta en proyectos de Gobiernos futuros en los que sin duda muchos de nosotros prestaremos un rol esencial.

10. Cuba deberá seguir negociando con los socios internacionales de siempre, una vez que estos paguen la estrepitosa deuda que han contraído con los cubanos de a pie que fueron excluidos de sus negocios con el régimen y tratados y contratados en cada una de las ocasiones de negociación como esclavos y ciudadanos de segunda y de tercera categoría frente al estado totalitario nazi comunista que los usó como mano de obra esclava con la finalidad de enriquecimiento individual obrando en contra del país.

# OTRO MENSAJE DE FE Y ESPERANZA AL PUEBLO CUBANO

Sé perfectamente que no son solamente palabras de ánimo en tiempos de adversidad lo que ahora mismo necesitan los cubanos. Pero es lo que por el momento yo puedo dar. Las escribiré no sin temblores...

Un llamado a la esperanza en medio de la opresión, del hambre, la miseria, la muerte, nunca está de más. Un llamado a la libertad de quien piensa en ustedes día y noche, pese a la distancia, no sabría decir si les aliviaría en algo. Perdonen si no es suficiente.

Queridos hermanos cubanos, me dirijo a ustedes en este momento con la voz un poco más fuerte tras varios intercambios con otros hermanos del exilio durante mi reciente estancia en Miami. Aprovecho con un mensaje de fe y esperanza para asegurarles que la libertad está cerca y que ustedes serán los líderes que la conseguirán, porque serán sus propios guías; sabiendo que han soportado muchos años de dificultades bajo un régimen que ha limitado y coartado sus libertades y aspiraciones, pero teniendo muy presente también que han sabido también darlo todo en distintas direcciones y sentidos. Ahora lo que importa es dedicar ese todo hacia una única dirección, y un solo sentido: liberación radical y absoluta. Sesenta y siete años de castrocomunismo han pesado sobre Cuba como una larga noche, pero en cada uno de sus corazones arde la luz de la dignidad y el deseo de libertad. «La noche no será eterna», escribió en su libro el líder del Movimiento Cristiano Liberación, Oswaldo Payá. Y así se hará y será.

La fe, ustedes lo saben hoy más que nunca, es el pilar inquebrantable. Sin fe no hay vida.

La fe es el refugio del alma frente a la adversidad. Es la energía invisible que nos sostiene cuando todo parece perdido. Cuba y la oposición organizada en contra del castrismo, la real, la de verdad, han demostrado al mundo que, a pesar de las dificultades, el espíritu humano es capaz de perseverar. La fe no siempre es visible, pero se manifiesta en cada gesto de esperanza y solidaridad, en cada palabra de aliento, en cada sueño que se mantiene vivo a pesar de lo imposible. Ustedes saben más de fe que nadie, porque les obligaron a renunciar a ella, murieron por ella, y han sabido erigirse y refundarse en la fe durante décadas; aunque fueran pocos, pero llegarán a ser muchos, todos.

La esperanza, de lo que ya he escrito en diversas ocasiones, es la luz en la oscuridad. Es la luz divina, vuelvan a ella. Regresen a Dios, recen por Cuba.

La esperanza es la certeza de que el futuro puede mejorar, de que las cadenas de la opresión no son eternas. A lo largo de la historia, muchos pueblos han vivido largos periodos de sufrimiento, pero ninguno ha sido capaz de apagar el anhelo de ser libres. La esperanza es una semilla que crece incluso en los suelos más áridos. Es su derecho y deber seguir soñando con una Cuba libre para todos, abierta, plural y justa, donde el socialcomunismo no tenga cabida de ninguna forma.

La unidad, juntarse, como escribió José Martí, en una fuerza transformadora, como ya se hizo el 11 y 12 de julio del 2021, donde ustedes supieron, cada uno, erigirse en líder, será la vía más pronta, necesaria, y sin que nadie se interponga como mediador en nuestros intereses. Que la ayuda no sea cobrada, que la ayuda sea en pago de lo que tanto nos deben unos y otros. Y demasiado nos deben.

La historia nos enseña que «juntarse» en diversas ideas es la esencia para superar cualquier obstáculo. La fusión e intercambio de ideas entre cubanos que piensan y actúan, dentro y fuera de la isla, es fundamental para construir el futuro que merece ese pueblo. No permitan que el miedo ni la desesperanza nos dividan, ni que la burla, el choteo, la imbecilidad dirijan otra vez a un rumbo equivocado. Desechen a esos falsos líderes impuestos u orientados desde cualquier cúpula. Debemos recuperar a la Cuba grande, y apartar a la Cuba traidora y mezquina. Juntos somos más fuertes, y juntos desde cualquier puesto o plaza podrán cambiar el rumbo de la historia.

Una promesa de renacimiento espiritual y próspero es lo que evoco con toda mi alma cada noche en mis oraciones. Dios siempre escucha, como dijo hace poco el sacerdote Alberto Reyes, Dios hablará. Y cuando Dios hable, seremos libres y prósperos. Se producirá el verdadero renacimiento de la nación cubana.

Cuba volverá a florecer. Las generaciones venideras hablarán de este tiempo como una etapa dura, pero también como la antesala de un renacimiento. Conserven, guarden la esperanza, preserven la fe y manténganse juntos en una sola idea: la de la libertad. Su coraje será recordado y su lucha inspirará a otros a no rendirse jamás.

Hoy más que nunca, los cubanos obligados al exilio, desperdigados por el mundo, observamos la resistencia de la que los cubanos de adentro han sido capaces, la misma de la que hemos sido capaces en el pasado cuando estuvimos allá, y admiramos su energía y fortaleza. No permitan que la opresión, el rencor, el miedo, silencien sus voces. Y si en algún momento sienten miedo, sepan que todos hemos sentido miedo, que el miedo es humano; pero que los enemigos de Cuba, los traidores de la nación cubana, hoy sienten todavía más miedo, porque saben que no son inocentes, son culpables ante Dios y ante los hombres.

Contemplen de frente al futuro con confianza, porque la historia está de nuestro lado. La libertad y la justicia triunfarán. ¡Ánimo, Cuba, p'alante es p'allá! ¡Nuestra hora sonará! «Adelante, adelante, adelante», que diría Jorge Mas Canosa.

«La libertad es el derecho de todo hombre a ser honesto, a pensar y a hablar sin hipocresía», como escribió José Martí, que también dejó claro que «Patria es humanidad».

# ZOÉ VALDÉS

Zoé Valdés, La Habana, 2 de mayo de 1959, es escritora, cineasta y artista plástica. Zoé Valdés ha realizado una obra literaria (poética, narrativa, guionista, realizadora y productora de cine) y periodística durante más de 40 años, dedicada a la defensa de los DDHH en su país, Cuba, y en el mundo. Es también una defensora de la libertad de Cuba y de un cambio democrático en la isla en la que participen todos los cubanos, de dentro del país y del exilio. Haciendo hincapié en la importancia de la participación primordial de los protagonistas de todas las generaciones que desde el exilio se han enfrentado en contra de la tiranía comunista dentro y fuera de Cuba. Inspiración que ella encuentra en la propia historia de Cuba, esencialmente en la figura de José Martí, que desde su exilio entregó su vida y su obra al combate por la independencia de Cuba.En su exilio en Francia Zoé Valdés ha realizado homenaje a artistas, cineastas, periodistas y escritores cubanos vetados y censurados por el totalitarismo castrista. También organizó y organiza manifestaciones en Francia y en Europa en apoyo a una parte de la oposición interna cubana y del exilio. Solidarizada además con otras personas de otras partes del mundo en su lucha por la libertad de expresión en países tales como: Paquistán, Haití, Vietnam, Birmania, Irán, Siria, China.

Zoé Valdés debió exiliarse en Francia en el año 1995 por el mero hecho de haber escrito una novela, *La nada cotidiana*, en la que denunciaba al régimen de los hermanos Fidel y Raúl Castro. Desde entonces su obra ha estado dedicada a esclarecer la verdad acerca del totalitarismo castroco-munista, no solo en Cuba, sino también su injerencia en África, Granada, Venezuela, Argentina, Brasil, El Salvador, Nicaragua, Ecuador y Bolivia.

La autora de *Todo para una sombra* (accésit Carlos Ortiz de Poesía), *Sangre azul* (primera novela), *La nada cotidiana* (traducida a cuarenta y tres idiomas), *Te di la vida entera* (Premio Finalista del Planeta, traducida a más de veinte idiomas), *Lobas de mar* (Premio Novela Histórica Fernando Lara), *La eternidad del instante* (Premio Torrevieja de Novela), *La Ficción Fidel* (retrato del tirano cubano), *Querido primer novio* (los campos de trabajo agrícola para niños y adolescentes) es una de las voces más potentes escuchadas en el mundo entero a favor de los derechos humanos en su país y en el resto del mundo. Ha publicado siete poemarios en espa-ñol, francés, italiano e inglés. Premio Azorín 2013 con su novela *La mujer que llora*, recién ganó el Premio Jaén de Novela (2019) con *La Casa del Placer*. Su novela *Pájaro lindo de la madrugá* (acerca de Fulgencio Batista y Zaldívar) ha sido publicada en España y en Francia (2019-2020). *Un amour grec* (Arthaud, 2021). *La intensa vida* (Berenice/Almuzara 2022), *En La Habana nunca hace frío* (Berenice/Almuzara 2023), *Paris était une rumba* (Éditions La Part Commune, France, 2025), *París era una rumba* (Berenice, Almuzara, 2025).

Zoé Valdés fue profesora y conferencista invitada de las prestigio-sas universidades La Sorbona, Harvard, FIU, Donahue, Wisconsin, Los Ángeles, Queen Mary, entre otras. Ha sido invitada de honor de nume-rosas Ferias y Salones del Libro: Bruselas, Limoges, Var, Santo Domingo, Parachí en Brasil, etcétera. Ha trabajado en los centros culturales de las favelas de Río de Janeiro, en Brasil. Ostenta el Premio Carbet de la Martinique et la Guadeloupe.

Es doctora *honoris causa* de la Universidad de Valenciennes, Chévalier des Arts et des Lettres de la République Française (1996), Médaille Vermeil de la Ville de París (2012), elegida personalidad honorífica de dos ciu-dades norteamericanas: Lawrence, Huntington Park; posee tres llaves de la Ciudad de Miami. Condecoración La Rosa Blanca, Los Ángeles, EEUU (2000). Premio Emilia Bernal al conjunto de su obra (2008). Premio Asopazco por los DDHH (España, 2015). Premio Alegría de Vivir, Barcelona, España, (2019), Premio de Honor Excelencia Educativa a la Mejor Escritora Hispana (España, 2021). Premio 'Carlos Victoria',

Editorial El Ateje, Miami 2022. Miembro del Gran Jurado del Festival de Cannes 1998, también ha sido miembros de jurados de cine y literarios importantes, así como jurado del Prix HSBC de la Photographie, París.

Vicedirectora y redactora en jefe de la revista *Cine Cubano*. Fundadora y directora general de *Ars Atelier City Magazine*, de *Zoé Valdés Blog*; Zoé en el Metro, en *El Economista España*, de ZoePost.com (medio digital, también impreso), *El País, El Mundo, El Semanal, ELLE, Yo Dona, Libertad Digital, La Gaceta de la Iberosfera, El Debate*. Autora del pódcast *La Libertad es una Librería*, con Martí Noticias. Fundadora del Movimiento Republicano Libertario Martiano (MRLM) movimientomartiano.com. Ha colaborado con medios de prensa internacionales como periodista y corresponsal. Fue candidata por Madrid a senadora por la formación conservadora VOX, obtuvo 373.048. Es miembro fundador del Instituto Cultural de la Fundación Disenso, España. Y Miembro de Instituto CEU de Estudios Americanos, en España. Directora de Relaciones Exteriores del Partido Republicano de Cuba.

## OBRAS

2025 (octubre). *París era una rumba*. Berenice Libros, Editorial Almuzara, España. *Paris était une rumba*, primera novela en francés, Editorial La Part Commune.

2025 (enero). *De las palabras y el silencio. Un desafío literario contra el totalitarismo y la injusticia*. Editorial Sekotia, España.

2024 (enero). *La vie intense*. Éditions La Part Commune.

2023. *En La Habana nunca hace frío*. Novela, Editorial Berenice, España.

2023. *A Greek Love*. Arcade Publishing, NY, Estados Unidos.

2023. *La intensa vida*. Memorias, Editorial Berenice, España.

2023. *Les filles dorment de l'autre côté*. Jacques Flament Éditions.

2022. *Paul*. Éditions Arthaud-Flammarion.

2021. *Las niñas duermen del otro lado*. Editorial La Gota de Agua, Filadelfia, Estados Unidos.

2021. *Poemas del amor indócil*. Editorial Berenice, España.

2021. *Les muses ne dorment pas*. Série Une nuit au Musée, Éditions Stock, Francia.

2021. *Un amor grec*. Éditions Arthaud-Flammarion.

2020 *Pájaro lindo de la madrugá*. Novela, Editorial Algaida.

2019. *El beso de la extranjera. Monumento porno-existencial al amor*. Poesía, Editorial Verbum, Arganda del Rey.

2020. *La Casa del Placer*. Novela, Premio Jaén de Novela, Editorial Almuzara, España.

2020. *Bel oiseau du petit matin*. Novela, Éditions de l'Observatoire, Francia.

2018. *Désiré Fe.* Éditions Arthaud, Francia.

2017. *La salvaje inocencia.* Novela, Editorial Verbum, Arganda del Rey, España.

2017. *Et la terre de leur corps.* Novela, RMN, París, Francia.

2016. *La noche al revés. Dos historias cubanas.* Relatos, Stella Maris, Editada en Francia por Éditions Arthaud.

2016. *The Weeping Woman.* Arcade Publishing, Estados Unidos.

2015. *Douceur de la têmpete.* Poesía, en francés, Éditart, Suiza.

2015. *La Habana, mon amour.* Novela, Stella Maris, España. Editada en Francia por Éditions Arthaud.

2013. *La mujer que llora.* Novela, Planeta, Barcelona, España. Premio Azorín de novela. Editado en Francia por Éditions Arthaud.

2010. *El todo cotidiano.* Novela, Planeta, Barcelona, España. Editado en Francia en edición especial aniversario por Jean-Claude Lattès.

2009. *Anatomía de la mirada.* Poesía, Difácil, Valladolid, España.

2008. *La ficción Fidel.* Ensayo novelado, Planeta, Barcelona, España. Editado en Francia por Gallimard (2009). Editado por Rayo, Harper Collins (2009).

2007. *La cazadora de astros.* Novela, Plaza & Janés, Barcelona. Editada en Francia por Jean-Claude Lattès.

2006. *Bailar con la vida.* Novela, Planeta, Barcelona, España. Editada en Francia por Gallimard.

2004. *La eternidad del instante.* Novela, Plaza & Janés, Barcelona, España. Editada en Francia por Gallimard.

2004. *Los misterios de La Habana.* Cuentos, Planeta, Barcelona.

2003. *Luna en el cafetal.* Cuento infantil, Everest, León, España.

2003. *Lobas de mar.* Novela, Planeta, Barcelona, España.

2002. *Dear First Love.* Harper Collins, NY, Estados Unidos.

2002. *Breve beso de la espera.* Poesía, Lumen, Barcelona, España.

2002. *Miracle á Miami.* Gallimard. Francia.

2001. *Milagro en Miami.* Novela, Planeta, Barcelona, España.

2001. *El pie de mi padre.* Novela, Planeta, España.

2000. *Le pied de mon père.* Novela, Gallimard, París, Francia.

1999. *Querido primer novio.* Novela, Planeta, Barcelona, España.

1999. *Los aretes de la luna.* Infantil, Everest, León, España.

1999. *Cuerdas para el lince.* Poesía, Lumen, Barcelona, España.

1998. *Traficantes de belleza.* Cuentos, Planeta, Barcelona, España.

1997. *Café Nostalgia.* Novela, Planeta, Barcelona, España.

1997. *Los poemas de la Habana.* Poesía, Antoine Soriano.

1996. *Te di la vida entera.* Novela, Planeta, España. Publicada en Estados Unidos por Arcade Publishing, 2005.

1996. *Cólera de ángeles.* Novela, Ediciones Textuel, Francia. Publicado por

Lumen, Barcelona, España, 2005.

1996. *Vagón para fumadores*. Poesía, Lumen, Barcelona, España.

1995. *La nada cotidiana*. Novela, Actes-Sud, París, Francia (*Le Néant Quotidien*). Emecé, España, 1996. *Yocandra in the Paradise of Nada*, Arcade Publishing, 1998, Estados Unidos.

1995. *La hija del embajador*. Novela, Bitzoc, España.

1993. *Sangre azul*. Novela, Letras Cubanas, La Habana, Cuba. (Emecé, España, 1996)

1986. *Todo para una sombra*. Poesía, Taifa, Barcelona, España.

1986. *Respuestas para vivir*. Poesía, Letras Cubanas, La Habana, Cuba.

La obra de Zoé Valdés está traducida a 43 idiomas, solo se han destacado las publicaciones en español, francés e inglés.

### GUIONES Y TEXTOS CINEMATOGRÁFICOS

*Vidas paralelas*, largometraje de ficción. Guion.

*Amorosa*, largometraje de ficción. Guion.

*Desequilibrio*, largometraje de ficción. Guion (inédito).

*Cantata*, videoarte. Teatro, ópera.

*Profecía*, largometraje de ficción. Guion (inédito).

*Espiral*, documental sobre Alicia Alonso, ballet. Guion y poema.

*Yalodde*, poema videoarte. Poema y producción.

Fiel Castro. Producción.

15 vídeos de pintores cubanos. Un pintor, un cuadro. Producción.

### PREMIOS Y RECONOCIMIENTOS

1982 - Premio de Poesía Roque Dalton y Jaime Suárez Quemain por *Respuestas para vivir* (México).

1985 - Accésit al Premio Carlos Ortiz de Poesía por *Todo para una sombra*.

1990 - Premio Coral al mejor guion cinematográfico inédito por *Vidas paralelas* en el XII Festival Internacional del Nuevo Cine Latinoamericano.

1995 - Premio de Novela Breve Juan March Cencillo por *La hija del embajador*.

1996 - Finalista del Premio Planeta con *Te di la vida entera*.

1997 - Premio Liberaturpreiss (Fráncfort del Meno) por *La nada cotidiana*.

1999 - Caballero de las Artes y las Letras (Francia).

2003 - Premio Fernando Lara de Novela por *Lobas de mar*.

2004 - Premio de Novela Ciudad de Torrevieja por *La eternidad del instante*.

2007 - Premio Carbet des Lycéens por *La eternidad del instante*.

2008 - Premio Emilia Bernal por su obra literaria.

2012 - Médaille de Vermeil de la Ville de París, Francia. Premio Asopazco por los DDHH en Madrid, España.

2013 - Premio Azorín por *La mujer que llora*.

2019 - Premio Jaén de novela por *La casa del placer*.
2019 – Premio Alegría de Vivir, España.
Premio de Honor Excelencia Educativa a la Mejor Escritora Hispana (España, 2021).
Premio Carlos Victoria por el conjunto de su obra novelística, Editorial El Ateje, Miami 2022.